KB185264

명령과 복종

명령과 복종

이만종 저

COMMAND AND OBEDIENCE

'노'라고 할 수 없는 명령
'No'라고 할 수 있는 명령

복종과 항명의 갈림길, 법과 윤리의 충돌

blue

계엄령과 군의 명령 복종, 법적·윤리적 경계

명령과 복종은 모든 사회에서 중요한 원칙으로 자리 잡고 있지만, 민주주의 체제에서는 그 의미가 더욱 복잡하고 깊은 함의를 지닌다. 민주주의는 시민들의 자유와 권리를 보장하고, 권력의 분배와 제한을 통해 공공의 이익을 지향하는 체제이다. 그러나 이 체제 내에서도 여전히 명령과 복종의 관계는 중요한 역할을 한다. 민주주의에서 명령과 복종은 단순히 권위자의 지시를 따르는 것이 아니라, 권력의 정당성과 시민들의 자율성, 그리고 법치주의의 실현과 밀접하게 연결된 문제이다.

　최근, 대통령이 비상계엄을 선포한 이후 군인과 경찰의 항명 문제는 사회적 논란을 불러일으켰다. 군대와 경찰 내에서 명령 복종은 법적, 윤리적 원칙으로 뿌리내리고 있지만, 그 명령이 위법한 경우 우리는 어떻게 대응해야 할까? 명백히 위법한 명령을 따르는 것에 대한 책임 문제는 단순한 법리적 논쟁을 넘어서, 개인의 도덕성과 국가의 법률 사이에서 발생하는 깊은 갈등을 초래한다. 이러한 갈등은 우리가 명령을 따를 때 그것이 법적으로 정당한지, 도덕적으로 옳은지에 대한 성찰을 요구한다. 이 책은 바로 이러한 갈등을 중심으로 명령 복종의 문제를 탐구하고자 한다. 위법한 명령을 따랐을 때, 그 복종 행위는 어떻게 평가되어야 할까? 우리는 과연 명령을 따르면서도 그것이 불법적인 행위로 이어졌을 때, 어떤 법적 책임을 져야 하는가? 이러한 질문에 대한 답을 찾는 것이 이 책의 핵심이다.

민주주의에서 명령과 복종은 단순한 권위와 복종의 관계에 그치지 않는다. 그것은 권력의 정당성과 시민의 자율성, 법치주의의 실현과 밀접하게 연결된다. 법과 질서를 유지하기 위해 시민들은 정부가 제정한 법을 따라야 하지만, 이 복종은 법이 공정하고 합리적이며 시민의 권리를 침해하지 않는 경우에만 정당화될 수 있다. 민주주의 체제에서는 권력의 정당성을 입증하는 과정이 중요하다. 권력자는 명령을 내릴 때 그 정당성을 스스로 입증해야 하며, 이는 시민들의 동의와 합법성에 기반한다. 따라서 명령에 대한 복종은 그 자체로 정당성을 요구하며, 불합리하거나 부당한 명령에 대해서는 시민이 저항하거나 불복종할 권리가 보장되어야 한다. 복종은 단순한 상명하복이 아닌, 상호 존중과 동의를 바탕으로 이루어져야 하며, 그 과정에서 개인의 비판적 사고와 자율성은 중요한 역할을 한다.

이 책은 바로 그러한 복잡한 관계를 탐구하며, 명령과 복종의 법적, 윤리적 문제를 더 깊이 이해하고자 한다. 위법한 명령에 대한 복종과 그에 따른 책임 문제를 다루면서, 민주주의 체제에서의 명령 복종의 의미를 새롭게 바라보려 한다. 우리가 따르는 명령이 과연 정당한지, 그리고 그 명령이 불법적일 때 우리에게 어떤 책임이 따르는지에 대한 질문은 단순한 법적 논의를 넘어서 인간의 도덕적 선택과 사회적 가치에 대한 근본적인 성찰을 요구한다.

이만종 한국군사법학회장·호원대 명예교수

차례

CONTENTS

제 **4** 장 **명령과 복종의 조직적 측면**

제 1 장

왜 우리는
명령에 복종하는가?

1

우리는 왜 명령에
복종하는가?

우리는 하루에도 수십, 수백 번 명령을 받는다. 직장에서 상사의 지시를 따르고, 가정에서는 부모나 배우자의 말을 순응하며, 일상적인 소비나 사회적 규범 속에서도 누군가의 '명령'에 복종한다. 그런데 왜 우리는 이렇게 끊임없이 명령을 따르고 지시를 받으며 살아가는 걸까? 이 질문에 대한 답을 찾기 위해서는 단순히 '복종'이라는 행위 그 자체를 넘어서, 인간 존재의 근본적인 심리와 사회적, 역사적 맥락을 깊이 이해할 필요가 있다.

복종은 단순히 권위 있는 인물이나 구조에 대한 수동적인 반응이 아니다. 그것은 우리의 생존과 안전, 그리고 사회적 관계와 밀접하게 연결된 복잡한 메커니즘이다. 인간은 태어날 때부터 의존적인 존재로, 부모의 품에서 안전을 찾고, 사회의 규범 속에서 자신의 자리를 찾아가려는 본능을 지닌다. 이러한 의존성은 단순히 '따르기'가 아닌, 인간 사회를 유지하고 발전시키기 위한 필수적인 사회적 규칙이 된다.

하지만 명령에 복종하는 이유는 단순히 생물학적 혹은 사회적 본능에만 기인하는 것이 아니다. 우리가 복종하는 이유는, 때로는 그 명령이 우리가 속한 집단이나 공동체의 규범을 따르기 위해 필요하기 때문이다. 또는, 명령을 따르는 것이 개인적으로 더 유리하거나, 적어도 '안전한' 선택이기 때문이다. 예를 들어, 우리는 때로는 지도자의 의견이나 사회적 기준을 따르는 것이 개인적으로 불이익을 피할 수 있다고 생각하기 때문에 복종한다.

그러나 '복종'이 항상 긍정적인 결과만을 초래하는 것은 아니다. 역사 속에서 우리는 사람들이 지나치게 복종한 결과, 불합리하거나 비인도적인 행동을 저지른 사례들을 목격해왔다. 나치 독일의 홀로코스트, 미국의 잔혹한 노예제도, 그리고 수많은 정치적 탄압의 사례들은 복종이 때때로 얼마나 위험하고 파괴적인 결과를 초래할 수 있는지를 보여준다. 복종이 반드시 정의로운 것은 아니며, 때때로 그것이 우리 자신이나 사회를 파멸로 이끌기도 한다.

2

인간 사회에서
권위의 역할

권위는 눈에 보이지 않지만, 그 힘은 실로 강력하다. 일상에서 마주치는 수많은 권위들은 단순히 "누가 더 높은 위치에 있느냐"에 그치지 않는다. 권위는 사람들 간의 관계와 상호작용을 형성하고, 사회적 질서를 유지하며, 때로는 개인의 사고와 행동을 결정짓는 중요한 역할을 한다. 그렇다면, 권위는 왜, 그리고 어떻게 우리 삶에서 그토록 중요한 역할을 하는 것일까?

사회 질서의 유지자

우리가 속한 사회는 기본적으로 규범과 규칙이 작동하는 체계다. 그리고 그 규범을 제시하고, 이를 지키도록 강제하는 힘이 바로 '권위'다. 예를 들어, 학교에서는 교사가 학생들에게 규칙을 가르치고, 법원에서는 판사가 법을 집행한다. 권위는 우리가 어디서 무엇을 해야 할지, 어떻게 행동해야 할지에 대한 명확한 기준을 제공한다. 만약 이 권위가 없다면, 사회는 혼란에 빠질 수밖에 없다. 모든 사람이 자신의 판단대로만 세상을 살아간다면, 결국 사회적 질서는 무너지고 말 것이다.

권위는 사람들이 지켜야 할 '기준'을 제시하고, 그 기준을 따르도록

유도하는 역할을 한다. 우리는 권위에 복종함으로써 더 큰 공동체의 일
원이 되며, 그 속에서 질서와 안정감을 느낀다. 이처럼 권위는 사회적
질서를 형성하고 유지하는 데 있어 필수적인 원동력이다.

신뢰와 협력의 기반

권위는 신뢰와 협력의 기초가 된다. 사람들은 직장에서 상사의 지시
에 따르고, 기업에서 CEO의 비전과 전략을 믿으며, 정치인들의 정책을
지지한다. 이러한 모든 과정은 우리가 권위에 대한 신뢰를 바탕으로 협
력하는 결과이다. 신뢰는 권위의 핵심 요소다. 우리는 어떤 권위에 복종
할 때, 그 권위가 정당하고 신뢰할 수 있다고 믿는다. 예를 들어, 의사가
제시하는 치료 방법을 따르는 이유는, 우리가 그가 가진 전문성과 경험
을 신뢰하기 때문이다. 신뢰가 바탕이 되는 권위는 사람들이 안정감과
확신을 가지고 공동체의 일원으로서 역할을 다할 수 있도록 한다.

정당성과 권위의 차이

그렇다면 모든 권위가 긍정적인 역할만을 하는 것일까? 꼭 그렇지는
않다. 권위가 존재한다고 해서 그 권위가 항상 정당하고 올바른 것은 아
니다. 역사 속에서 우리는 권위가 남용되거나 잘못된 방향으로 사용될
때, 심각한 문제를 일으킨 사례를 종종 목격해왔다. 예를 들어, 독재 정
권에서 권력자는 무차별적인 통제를 통해 사회를 억압했다.

이러한 사례는 권위가 정당한지의 여부 역시 중요함을 일깨운다. 권
위가 정당성을 잃으면, 그것은 더 이상 '지시'가 아닌 '억압'이 된다. 현대
사회에서는, 사회적 합의와 민주적인 절차가 갖추어져야 권위의 정당성
을 유지할 수 있다. 고로 우리는 권위가 어떻게 형성되고, 누구를 위한

권위인지 끊임없이 검토하고 점검해야 한다.

권위는 그 자체로 중립적이지 않다. 권위가 정당하고 올바른 방식으로 행사될 때, 그것은 사회의 발전을 이끄는 긍정적인 힘이 된다. 반대로, 정당성을 상실한 권위는 사회를 억압하고 파괴하는 위험을 내포하고 있다. 따라서 권위는 정당성과 공정성을 갖추어야 하며, 이에 관한 사회적 합의 역시 충분히 이루어져야 한다.

권위의 긍정적, 부정적 양면

권위는 인간 사회에서 두 가지 중요한 역할을 한다. 하나는 사회의 질서와 협력을 위한 '필수적인 기반'으로서의 역할이고, 다른 하나는 강압적이거나 억압적인 힘으로 작용할 수 있는 '위험성'이다. 권위가 제공하는 안정감과 신뢰는 공동체가 원활하게 기능하는 데 중요한 역할을 한다. 하지만 권위가 불공정하거나 부당하게 행사될 때에는 사회적 불안정성과 갈등을 초래할 수 있다. 따라서 권위는 어떻게 행사되는지에 따라 사회의 미래를 좌우할 수 있는 양면성을 지니고 있다. 권위가 긍정적인 영향을 미치기 위해서는 그 권위가 정당하고, 신뢰할 수 있으며, 공정하게 행사되어야 한다. 뿐만 아니라, 권위는 끊임없이 변화하는 사회적 요구에 맞춰 점검되고, 필요에 따라 재구성되어야 한다.

3

왜 우리는
지시를 따를까?

인간은 사회적 동물이다. 우리가 집단을 이루어 생활하고 협력하는 것 역시 생존을 위한 전략에서 비롯되었다. 과거 인류가 협력하면서 서로를 보호하고, 자원을 나누고, 위험에서 벗어나기 위해서는 규칙을 따를 필요가 있었다. 따라서, '복종'은 생존을 위해 중요한 요소였고, 공동체를 유지하는 데 필수적인 행동으로 자리 잡았다.

예를 들어, 원시 사회에서 무리의 리더가 위험을 감지하고 대피하라고 명령했을 때, 그 명령을 따르는 것이 생존 확률을 높였을 것이다. 이처럼 권위 있는 사람의 지시를 따르는 것은 우리가 생리적으로, 그리고 진화적으로 적응한 결과이다. 복종은 결국 공동체의 안전을 위해 필수적인 행동이었다.

우리는 왜 믿고 따를까?

우리는 단순히 지시를 따른다고 해서 무조건 행복하거나 만족하는 것은 아니다. 그럼에도 불구하고 많은 사람들은 상사나 지도자의 말을 따른다. 그 이유는, 우리가 권위에 대해 '신뢰'를 가지기 때문이다.

우리는 권위자가 특정 분야에서 지식이나 경험을 가지고 있다고 믿는다. 예를 들어, 의사의 치료법을 따르거나, 교사의 수업을 경청하는 것은 그 사람이 전문적인 지식과 경험을 바탕으로 조언을 준다고 믿기 때문이다. 인간은 기본적으로 신뢰를 기반으로 사회적 관계를 형성하고, 이를 통해 효율적으로 협력한다. 그리고 권위의 주체가 신뢰할 수 있고 정당하다고 느껴질 때, 우리는 자연스럽게 복종하게 된다.

우리는 왜 '남들이 하니까' 따라할까?

복종은 개인의 내면적인 동기뿐 아니라, 외부적인 압력에도 크게 영향을 받는다. 사람들은 사회적 규범을 따르기 위해서도 복종한다. 우리가 속한 사회에는 '옳고 그름'을 구별짓는 규칙이 존재한다. 그리고 이 규칙은 개인적인 선택을 넘어, 집단의 기대와 요구에 영향을 미친다.

'집단 내 압력'은 사람들이 어떻게 행동하는지에 중요한 영향을 미친다. 사회적 동물로서 우리는 집단에 소속되고, 집단의 일원이 되어야 한다는 강한 욕구를 느낀다. 이 때문에 우리는 다른 사람들이 무엇을 하는지에 민감하고, 그들이 따르는 규범을 따라서 행동한다. 이는 '사회적 순응'이라는 심리적 메커니즘이 작용하기 때문이다.

사회적 순응은 개인의 행동을 결정하는 데에 큰 영향을 미친다. 심지어 인간은 주변 사람들의 의견이나 행동에 영향을 받아 잘못된 결정을 내리기도 한다. 이는 미국의 심리학자 솔로몬 애쉬(Solomon Asch)의 유명한 실험에서 매우 잘 드러났다. 실험에 참가한 사람들은 대개 자신이 보는 것이 틀렸다고 확신하면서도, 다른 사람들의 의견에 맞추어 행동했다. 이는 인간이 기본적으로 집단의 기대에 부응하고자 하는 강한 본능을 가지고 있다는 것을 보여주는 대표적인 실험이다.

복종은 왜 우리에게 '안전함'을 줄까?

복종은 규범을 따르는 행동에 그치지 않고, 때로는 '보상'과 '두려움'에 의해 촉진될 수 있다. 인간은 본능적으로 불확실성과 위험을 피하려는 경향이 있다. 권위자가 내리는 명령에 따르거나 규칙에 순응하는 선택은 종종 '안전함'과 '보상'을 제공하는 것으로 인식된다. 예를 들어, 상사의 지시를 따를 때 승진의 기회를 얻거나, 사회적 위치를 유지할 수 있다는 보상을 기대할 수 있다. 반대로, 규칙을 어기거나 복종을 거부하면 벌을 받을 수 있다는 두려움도 작용한다. 이러한 인간의 특성은 조직생활에서 매우 잘 드러난다. 특히 직장 내에서는 상사의 지시를 따르는 것이 직업적 안정과도 연결되어 있기 때문에 복종이 더욱 강화된다.

이처럼 복종은 보상과 두려움이라는 두 가지 강력한 심리적 요인에 의해서도 촉진된다. '두려움'과 '보상'은 매우 강력한 심리적 동기이며, 이는 사람들에게 복종을 더 쉽게 받아들이도록 한다.

복종의 긍정적 역할과 부정적 결과

사회의 규칙과 질서를 지키기 위해서는 복종이 필요하지만, 과도한 복종은 위험을 초래할 수 있다. 역사적으로, 지나치게 복종적인 태도는 큰 재앙을 불러일으켰다. 예를 들어, 나치 독일에서 사람들은 권위자들의 명령에 복종하며 인류 역사상 가장 참혹한 사건 중 하나인 홀로코스트를 저질렀다. 이처럼, 복종이 반드시 정의롭거나 도덕적인 결과를 가져오지 않는다는 사실을 우리는 기억해야 한다.

권위에 복종하는 과정에서 개인의 비판적 사고나 윤리적 판단이 무시될 때, 그 복종은 사회를 위험에 빠뜨릴 수 있다. 따라서 우리는 복종이 필요한 상황에서 비판적 사고를 유지하고, 권위가 정당하고 도덕적으로 올바른지 계속해서 판단해야 한다.

복종은 단순히 권위자나 사회의 명령에 따르는 것이 아니라, 인간의 본능적인 생존 욕구, 신뢰, 사회적 규범, 두려움과 보상 등 다양한 심리적 요인이 얽혀 있는 행위이다. 복종은 사회적 질서를 유지하고 협력을 촉진하는 중요한 메커니즘이지만, 그 이면에는 개인의 자율성과 윤리적 판단이 배제될 위험도 존재한다. 우리는 복종의 심리를 이해함으로써, 언제 그리고 어떻게 복종해야 하는지, 그리고 언제 복종을 거부하고 저항해야 할지를 현명하게 선택할 수 있어야 한다.

4

명령과 복종의 역사가 만들어낸
사회적 규범

'복종'이라는 단어는 너무 익숙해서, 우리가 그것의 역사적 뿌리나 사회적 의미를 진지하게 생각하지 않는 경우가 많다. 그러나 복종의 개념은 단순히 권위자나 상사의 지시에 따르는 행동에 그치지 않는다. 수천 년 동안, 인간 사회에서는 명령과 복종의 관계에 대한 다양한 양상이 펼쳐졌다. 이는 우리가 살아가는 방식, 사회의 구성에 직·간접적으로 영향을 미쳤다. 명령과 복종의 역사는 우리 사회의 뼈대와도 같은 규범을 형성했다. 그런데 이 규범은 단순히 '사회적 질서'를 유지하는 데에 그치지 않고, 그 이상의 깊은 의미와 목적을 가지고 있다.

초기 사회에서의 명령과 복종은 생존을 위한 질서

초기 사회에서 '복종'은 단순히 권위적인 명령에 따르는 것이 아니었다. 인간들은 원활한 공동체 생활과 생존을 위해 질서를 만들었으며, 복종이란 이 질서에 따르는 행위였다.

원시 사회에서 무리의 리더가 제시하는 규칙은 단순한 명령이 아니었다. 그것은 사람들이 살아남기 위한 생리적 필요와 직결된 '생존의 법칙'이었다. 예를 들어, 무리에서 가장 경험이 많은 자가 사냥이나 위험

회피에 대해 지시를 내릴 때, 그것은 곧 생명을 구하는 방법이었다. 이 초기 명령은 단순히 지배와 복종의 관계라기보다는, 상호 신뢰와 협력의 기초 위에서 형성된 사회적 규범이었던 셈이다. 사람들은 이를 통해 자신과 공동체의 안전을 보장할 수 있었다.

명령과 복종은 권력의 확립과 유지에 기여

시간이 흐르며 사회는 점차 복잡해졌고, '복종'의 개념도 점차 다르게 변했다. 고대 문명, 특히 메소포타미아, 이집트, 그리스, 로마 등에서 명령과 복종은 단순한 생존을 넘어 정치적, 법적 권위와 결합되었다. 이러한 사회에서는 명령을 내리는 자가 권력과 신성을 부여받았으며, 복종은 단지 사회적 질서를 넘어서 신성한 의무로 여겨졌다.

고대 이집트의 파라오나 메소포타미아의 왕들은 자신을 신의 대리인이라고 주장하며, 백성들은 왕의 명령에 복종하는 것이 곧 신에 대한 충성을 의미한다고 여겼다. 이 시기 명령과 복종의 관계는 단순한 지배와 피지배의 관계가 아니라, 신성과 정당성을 기반으로 한 법적 권위를 인정받는 사회적 규범으로 자리 잡았다.

복종은 이런 고대 사회에서 명령을 내리는 자의 '정당성'을 인정하고, 그 정당성에 의한 질서가 유지되도록 돕는 중요한 역할을 했다. 사람들은 명령을 따르는 것을 그 자체로 의무라고 여겼으며, 이를 어길 경우 신의 처벌이나 사회적 불이익을 받을 것이라고 믿었다.

근대 사회의 변혁은 권위와 개인의 자율성 사이의 갈등

근대 사회로 넘어오면서, 명령과 복종의 관계는 크게 변화하기 시작했다. 17세기와 18세기, 특히 계몽주의 시대에는 개인주의와 자유의 개념이 부각되었고, 권위주의적인 통치에 대한 반발이 일어났다. 이 시기에는 절대 군주제나 종교적 권위에 복종하는 것보다, 개인의 이성과 권리를 중시하는 사회적 규범이 생겨났다.

대표적인 예가 프랑스 혁명과 같은 사건들이다. 프랑스 혁명은 '자유, 평등, 박애'라는 슬로건 아래 왕권과 교회의 권위에 도전하며, 기존의 명령과 복종의 질서를 뒤엎으려 했다. 사람들이 복종하는 대상은 더 이상 신성한 왕이나 성직자가 아니라, 인간의 이성과 공동체의 합의에 의해 형성된 새로운 법과 제도가 되었다. 이 시기의 사회적 규범은 더 이상 무조건적인 복종을 요구하지 않았다. 대신, 법적 절차와 민주적 의사결정을 통해 개인의 권리와 자율성이 보장되는 방향으로 나아갔다.

노동의 복종은 경제적 복종의 형태로 나타났다

산업 혁명은 또 다른 중요한 변화를 가져왔다. 대규모 생산과 노동력의 수요는 새로운 형태의 명령과 복종을 만들어냈다. 직장에서 상사의 지시를 따르는 것이 단순한 사회적 규범을 넘어 경제적으로 필수적인 요소가 되었고, 노동자들은 임금을 얻기 위해 '복종'을 요구받았다. 이 시기의 명령과 복종은 이제 단순히 인간 사회의 질서를 유지하는 역할을 넘어서, 자본주의 경제 시스템을 유지하는 중요한 도구가 되었다.

기업 내에서의 복종은 단순히 일의 효율성을 위한 것이 아니라, 노동자와 자본가 사이의 경제적 관계를 강화하는 방식이었다. 노동자는 자본가의 명령에 복종하면서 대가로 월급을 받았고, 이 월급은 생계를 유지하는 데 필수적이었다. 여기에 따라 명령과 복종의 관계는 경제적 상호 의존과 결합하며, 새로운 형태의 사회적 규범이 형성되었다.

디지털 시대의 새로운 규범

오늘날 우리가 사는 디지털 시대에서는 명령과 복종의 관계가 더욱 복잡해졌다. 스마트폰이나 인터넷을 통해 우리는 하루에도 수십 번씩 명령을 받는다. 온라인 쇼핑에서부터 사회적 미디어의 댓글, 그리고 직장에서의 지시까지, 명령과 복종은 점차 더욱 은밀하고 복잡한 형태로 나타난다. 이러한 환경에서 우리는 때로 의도적으로 복종하지 않더라도, 알고리즘이나 시스템의 지시에 따라 행동하게 된다. 예를 들어, 추천 알고리즘은 사용자가 '추천된' 상품을 구입하도록 유도하고, 사회적 미디어는 '좋아요'나 '댓글'이라는 형태로 우리에게 끊임없이 반응을 요구한다.

디지털 사회에서 명령과 복종의 관계는 이제 인간 상호작용을 넘어서, 기술적 시스템과의 상호작용으로 변화하고 있다. 이러한 새로운 규범은 우리가 의식하지 못한 채 시스템에 복종하게 만들고, 동시에 우리의 자유와 자율성에 대한 질문을 던진다.

인간은 왜 명령에 복종하는 걸까? 그 답을 찾기 위해선 인간의 본능적인 심리와, 사회적 구조에서 복종이 어떻게 작용하는지 이해할 필요가 있다.

복종은 생존을 위한 본능적 기제인가라는 질문은 인간 사회와 심리에 대한 깊은 논의를 이끌어낸다. 인간은 본래 '사회적 동물'로, 생존을 위해 다른 사람들과 협력하고 공동체 내에서 역할을 분담하며 서로를 의지해 살아간다. 이러한 협력적 생활방식은 인간이 진화하면서 생긴 본능적인 특성 중 하나로, 초기 인간 사회에서 복종은 곧 생존을 위한 필수적인 메커니즘이었다.

예를 들어, 원시 사회에서 무리를 지어 생활하던 시절을 생각해 보

자. 만약 리더가 "위험이 다가오니 모두 대피하라!"라고 명령을 내렸다면, 그 명령에 따르는 것이 생존을 위한 가장 중요한 행동이었다. 리더의 지시를 따르지 않으면 위험에 처하거나 생명을 잃을 수 있었기 때문이다. 이처럼 인간은 본능적으로 권위자의 지시에 복종하는 경향이 있었다. 복종은 단순히 지시를 따르는 행동을 넘어서, 생명 유지와 집단 안전을 위한 자연스러운 반응이었다.

복종은 결코 수동적이거나 약한 행동이 아니다. 오히려 그것은 인간이 살아남기 위한 중요한 생리적, 심리적 전략이었다. 사람들은 지시를 따르면서 그 지시가 집단의 안전을 위한 것임을 본능적으로 이해하고 반응했다. 이처럼 복종은 인간의 뇌와 몸이 사회적 구조와 생존의 요구에 맞춰 진화해온 결과였다.

복종은 단순히 외부의 권위나 명령에 순응하는 행동이 아니다. 그것은 생물학적, 심리적, 사회적 맥락에서 중요한 역할을 하며, 때로는 본능적인 기제로 작용한다. 인간은 본능적으로 사회적 동물로서 집단 내에서 협력하고 질서를 유지하려는 경향이 있다. 집단 내에서 규칙을 따르고, 위협으로부터 보호받기 위해 공동체와 협력하는 것은 초기 인간 사회에서 매우 중요한 요소였다.

또한, 인간은 기본적으로 사회적 동물로서 집단 내에서 안정감을 느끼고 소속감을 중시한다. 이는 심리적 안전을 추구하는 본능과 관련이 있다. 사회에서 규범과 질서를 따르는 것은 인간의 안정적인 삶을 보장하는 중요한 요소로 작용하며, 권위에 복종하는 것은 이 사회적 안정감을 얻기 위한 방식 중 하나이다. 복종은 외부의 명령을 따르는 것만이 아니라, 사회적 조화와 안전을 유지하는 방법이기도 하다. 사회 내에서 복종은 질서와 협력의 기초가 되어, 위계 구조가 형성되고, 이를 통해 사회적 기능이 원활하게 이루어진다. 예를 들어, 상사의 지시를 따르고 법을 준수하는 것, 국가의 규범을 지키는 것 등이 모두 사회적 질서를 유지하기 위한 중요한 기제이다. 결국, 사회적, 정치적 권위가 존재하는 이유는 바로 이러한 질서를 유지하고 집단 내 협력을 증진시키기 위함이며, 이는 궁극적으로 집단의 생존과 발전에 기여한다.

따라서 복종은 생존을 위한 본능적 기제라 할 수 있으며, 인간의 생리적, 심리적 본능과 사회적 요구에 의해 지속적으로 유지되고 강화되는 중요한 행동이다. 물론 복종이 항상 긍정적인 결과를 가져오는 것은 아니지만, 역사적이고 사회적인 맥락 속에서 그것은 인간 존재의 중요한 부분이라고 할 수 있다.

5

복종의 기원

우리가 사회에서 살아가기 위해 지키는 규칙과 질서, 그리고 권위자에게 복종하는 습관은 어디에서 비롯된 걸까? 과연 인간이 처음으로 '복종'을 시작한 순간은 언제였을까? 이 질문은 단지 개인의 심리나 사회적 규범에 관한 이야기를 넘어, 인간 존재 자체의 근본적인 뿌리를 찾는 중요한 물음이다. 우리가 '복종'이라는 개념을 어떻게 받아들이게 되었는지를 이해하려면, 그 기원을 찾을 수 있는 시대적, 사회적 배경을 되짚어보아야 한다.

복종의 기원은 단순히 권위나 지배의 문제가 아니라, '사회적 계약'의 형성과 밀접한 관계가 있다. 즉, 인간이 복종하기 시작한 이유는 자신과 타인의 생존을 보장하고, 공동체 내에서의 협력과 질서를 유지하기 위한 필수적인 사회적 메커니즘이었기 때문이다. 복종의 기원을 찾기 위해서는 '사회적 계약'이라는 개념을 이해하는 것이 중요하다.

사회적 계약이란 무엇인가?

'사회적 계약(Social Contract)'이라는 개념은 인간이 처음으로 집단을 형성하면서 각자의 자유와 권리를 일부 포기하고, 공동체의 이익을 위해

서로 협력하기로 동의하는 상호 합의의 개념이다. 이 이론을 가장 유명하게 발전시킨 철학자는 홉스(Thomas Hobbes), 로크(John Locke), 그리고 루소(Jean-Jacques Rousseau)다. 이들은 인간이 자연 상태에서 자유롭게 살 수 있었던 시기를 지나, 점차 집단을 이루고 공동체 생활을 시작하면서 자발적으로 규칙을 정하고 서로에 대한 복종을 요구하게 되었다고 설명했다.

홉스는 그의 저서 《리바이어던》(Leviathan)에서 자연 상태의 인간을 '만인에 대한 만인의 전쟁'으로 묘사했다. 그가 말한 자연 상태란, 인간들이 서로 경쟁하며 자유롭게 살아가던 시기를 뜻한다. 그러나 그 자유는 끊임없는 위험과 갈등을 동반했다. 결국, 인간은 더 이상 각자의 자유를 과도하게 주장할 수 없다는 결론에 도달했다. 이를 해결하기 위해 인간은 자신들의 자유 일부를 포기하고, 강력한 권위자에게 복종하기로 계약을 맺었다. 바로 이 순간, 복종은 사회적 계약의 일부로 태어났다고 볼 수 있다.

자연 상태에서 복종의 필요성

복종의 기원을 이해하기 위해서는 먼저 인간이 처음으로 집단을 이루기 시작한 이유를 생각해 볼 필요가 있다. 인간은 본래 나약한 개인으로서 외부의 위험과 자연적인 환경에 맞서 싸워야 했던 존재였다. 하지만 인간은 점차 협력하여 더 큰 목표를 달성할 필요성을 느꼈다. 인간이 단순히 자신만을 위한 행동을 넘어, 다른 사람들과 협력하여 자원을 나누고, 위험을 피하며 살아가려면 규칙과 질서가 필요했다.

또한, 같은 동굴에서 살거나 사냥을 하던 초기 인류는 상호 협력의 필요성과 함께 무리생활을 조율하고 이끌 수 있는 리더의 필요성을 느겠다. 이때 생긴 것이 바로 복종이라는 개념이다. 그들은 무리에서 가장 강력한 리더에게 지시를 따르며, 공동체의 생존을 위해 협력했다. 복종은 협력의 기초가 되었으며, 그로 인해 무리는 더 안전하고, 효율적으로 자원을 공유할 수 있었다.

복종의 기원과 초기 권력의 등장

복종의 개념은 권위와 밀접하게 연결된다. 초기 인간 사회에서 권위자는 주로 신체적으로 강하거나, 사냥 경험이 풍부한 이들이었다. 그들은 무리 내에서 자신이 맡은 역할을 수행하고, 무리의 생존을 책임졌다. 이때의 '권위'는 단순히 힘이나 폭력에 의한 지배가 아니라, 공동체의 생존을 위한 '필요성'에서 비롯된 것이다.

이 시점에서 권위는 단지 물리적 힘을 의미하는 것이 아니라, 무리의 안정과 생존을 위한 필수적인 '지도력'을 의미했다. 고로 지도자에게 복종하는 것은 무리의 생존을 보장하는 중요한 선택이었다. 고로 원시적인 형태의 권력 앞에서, 인간은 '복종'을 의무나 순응의 개념이 아닌, 생존과 번식에 도움이 된다는 인식 속에서 복종했다.

복종의 기원

복종의 기원은 단지 먼 과거의 이야기가 아니다. 우리가 오늘날까지 복종을 경험하는 이유는 바로 이 사회적 계약의 뿌리가 깊게 박혀 있기 때문이다. 인간은 과거부터 지금까지 사회와 공동체의 안정성을 위해 자신과 타인의 권리와 의무를 조율하며 살아왔다. 따라서 복종의 기원을 이해하는 것은 단지 과거를 되짚는 일이 아니다. 이는 우리가 오늘날 어떤 사회에서 어떻게 살아가야 할지에 대한 중요한 질문을 던진다.

우리가 복종하는 이유는 무엇인가? 그 복종이 개인의 자유를 억압하는 것인지, 아니면 공동체의 이익을 위한 중요한 기제로 작용하는 것인지 끊임없이 성찰해야 한다. 복종의 기원, 그리고 그것이 어떻게 사회적 계약으로 발전했는지를 이해하는 것은 오늘날 우리가 사회를 구성하는 방식, 권위와 질서를 어떻게 받아들이고, 때로는 거부해야 하는지에 대한 중요한 통찰을 제공한다.

6

복종은
최초의 사회적 계약

인간이 사회적 동물로 진화하면서 가장 중요한 원칙 중 하나는 바로 협력이었다. 인간은 개별적으로 살아갈 수 없는 존재였기 때문에, 다른 이들과의 협력 관계를 통해 생존하고 번식할 수 있었다. 그러나 협력은 쉽게 이루어지지 않는다. 왜냐하면, 각 개인은 자기 이익을 추구하기 때문에 다른 사람과 협력하는 대신 자신의 이익을 먼저 고려할 수도 있기 때문이다. 이 문제를 해결하기 위해 등장한 것이 바로 '권력'과 '권위'였다.

권력의 진화적 기초: 생존을 위한 경쟁과 협력

초기 인간 사회에서, 권력은 생존을 위한 필수적인 요소였다. 강한 자가 무리를 이끌고, 사냥과 방어를 통해 생존 확률을 높이는 방식으로 자연스럽게 권력이 형성되었다. 이러한 권력의 원리는 단순히 물리적인 힘에서 출발했지만, 시간이 지나면서 점차 협력적 구조와 결합되었다. 다시 말해, 권력은 단지 강한 자의 이익을 쫓는 도구가 아니라, 공동체의 생존을 위한 필수적인 메커니즘으로 기능했다.

예를 들어, 고대 인간 사회에서 사냥을 주도하거나 위험을 감지하는 능력이 뛰어난 리더는 자연스럽게 무리 내에서 권력을 행사할 수 있었다. 이 리더는 단지 '힘'만을 가졌던 것이 아니라, 공동체를 보호하는 능력을 통해 권위와 권력을 확보했다. 이러한 방식으로 권력은 본능적으로 생존에 필요한 리더십으로 발전했으며, 이 권력을 따르는 것은 공동체의 안전과 번영을 보장하는 행동으로 이해되었다.

권위의 진화적 역할: 질서와 안정

'권위'는 권력의 한 형태이지만, 권력보다는 사회적 질서와 안정을 유지하는 데 중점을 둔다. 권위자는 권력을 행사하는 사람일 수도 있지만, 권위는 더 넓은 의미에서 사회적 규범과 질서를 유지하기 위한 '사회적 승인'을 받는 존재를 의미한다. 인간 사회에서 권위는 단순히 지시를 내리는 것이 아니라, 사람들에게 자발적으로 따를 만한 가치와 정당성을 제공하는 것이다.

권위와 권력의 상호작용: 협력과 갈등

권위와 권력은 서로 독립적인 개념이 아니며, 긴밀하게 얽혀 있다. 권력은 직접적인 통제와 명령을 의미하는 반면, 권위는 존경과 신뢰를 기반으로 한 영향력을 행사한다. 초기 인간 사회에서는 권력이 강한 리더가 권위도 함께 가지는 경우가 많았다. 그러나 시간이 지나면서, 권력과 권위의 분화가 일어났다. 오늘날 우리가 경험하는 복잡한 사회 구조 속에서는 권력과 권위가 반드시 일치하지 않는 경우도 많다.

한 예로, 국가나 조직 내에서 권력을 가진 지도자가 반드시 권위를 가질 필요는 없다는 점을 들 수 있다. 권력은 행정적인 통제나 강제력에 근거하지만, 권위는 그 사람이 제공하는 가치와 정당성에 기반을 둔다.

이를 통해 우리는 권력과 권위가 상호 보완적인 관계를 유지하지만, 각기 다른 방식으로 인간 행동에 영향을 미친다는 것을 알 수 있다.

권력과 권위의 현대적 변형: 사회적 네트워크와 디지털 시대

현대 사회에서는 권력과 권위의 개념이 더욱 복잡해지고 다양화되었다. 전통적인 왕이나 지도자와 같은 권력자는 이제 다양한 사회적 계층과 시스템 속에서 분산되고 있다. 예를 들어, 정치 지도자, 기업의 CEO, 그리고 유명 인플루언서까지 다양한 형태로 권력과 권위가 발휘된다. 특히, 디지털 시대에서는 소셜 미디어와 같은 새로운 플랫폼에서 권위와 권력이 더욱 빠르게 형성되고 변화한다.

디지털 시대에 권력은 물리적인 힘이나 중앙 집중적인 구조를 넘어, 정보의 흐름과 소통의 속도에 영향을 받는다. 현대 사회에서는 SNS에서 누군가의 발언이 급격하게 퍼지고, 영향력 있는 사람들이 대중의 의견을 형성하는 방식으로 권력이 행사된다. 이는 과거의 권력 구조와는 매우 다른 양상이다. 또한, 권위도 마찬가지로 참여와 상호작용에 기반한 새로운 형태로 나타난다. 사람들은 더 이상 단순히 권위자의 지시에 따르는 것이 아니라, 자신의 의견과 가치를 반영하는 권위에 동의하고 협력하는 방식을 선호하게 되었다.

7

어떤 리더가
성공하는가?

리더십은 단순히 사람을 이끄는 능력 이상의 것이다. 리더는 방향을 제시하고 목표를 설정하는 역할을 넘어서, 사람들이 자발적으로 따르도록 만드는 힘을 지닌 존재여야 한다. 그럼, 어떤 리더가 성공할 수 있을까? 어떤 리더가 사람들의 마음을 얻고, 그들의 복종을 이끌어낼 수 있을까? 리더십과 복종의 관계를 탐구하는 것은 성공적인 리더가 가지는 특성과 그들이 어떻게 사람들의 충성심을 얻는지에 대한 중요한 힌트를 제공한다.

리더와 복종은 불가분의 관계에 있다. 리더는 지시를 내리고, 사람들은 그 지시를 따르게 된다. 하지만 여기서 중요한 점은 복종이 단순히 강요된 것이 아니라, 리더의 성품과 행동에 대한 신뢰와 존경을 바탕으로 이루어진다는 것이다. 그렇다면 어떤 리더가 성공적으로 복종을 이끌어낼 수 있을까?

신뢰와 존경은 복종의 기반

리더가 사람들에게 영향을 미치고, 그들의 복종을 이끌어내는 가장 중요한 요소는 '신뢰'와 '존경'이다. 사람들은 자신이 신뢰할 수 있는 사람을 따르는 경향이 있다. 특히 리더는 단지 권위적이거나 권력을 가진 사람이 아니라, 자신의 말과 행동이 일관되고, 사람들에게 진심으로 다가가는 존재여야 한다. 또한 다른 사람의 의견을 경청하고, 자신의 잘못을 인정하며, 솔직하고 투명한 자세를 유지해야 한다. 이러한 태도는 사람들이 리더를 존경하게 만들고, 그들의 말을 따르도록 유도한다.

예를 들어, '마틴 루터 킹'은 단순히 '위대한 연설자'로 유명한 것이 아니다. 그는 자신의 신념을 행동으로 옮기며, 많은 사람들에게 그 신념에 동참하도록 이끌었다. 그의 리더십은 단지 강력한 메시지나 외적인 권위에서 나온 것이 아니라, 사람들에 대한 진정성과 신뢰에서 비롯되었다. 사람들은 그의 도덕적 우수성과 진정성에 끌려 자발적으로 그의 지도 아래 모여들었고, 그 결과 많은 이들이 그의 지도에 따르며 혁명적인 변화를 만들어냈다.

성공적인 리더는 방향을 제시

성공적인 리더는 비전을 제시하고, 사람들에게 그 비전이 실현 가능한 것임을 확신시킨다. 비전은 단순한 목표가 아니다. 비전은 조직이나 집단이 가고자 하는 방향을 제시하는 나침반과 같다. 사람들이 그 비전이 실현될 수 있다고 믿을 때, 그들은 자발적으로 따라오게 된다.

스티브 잡스는 애플을 이끌면서 혁신적인 비전을 제시하고, 사람들이 그 비전에 대해 열정을 가질 수 있도록 유도했다. 그가 제시한 비전은 단순히 기술적인 혁신을 넘어, 세상을 변화시키겠다는 목표였다. 잡스는 그 비전을 진심으로 믿었고, 그 믿음을 사람들에게 전파했다. 그 결과, 많은 사람들이 그의 리더십을 따르며 애플을 세계적인 기업으로 성장시키는 데 기여했다.

리더는 비전을 제시하는 것뿐만 아니라, 그 비전을 달성하기 위한 구체적인 계획을 세워야 한다. 목표를 향한 여정에서 사람들은 리더가 제시한 계획과 방향이 올바른 것인지 판단하고, 그에 따라 따라갈지 말지를 결정한다. 비전이 명확하고 실현 가능하다고 믿을 때, 사람들은 리더를 따라가고, 복종한다.

리더는 신뢰를 지켜야 한다

리더의 복종을 이끌어내기 위해서는 공정하고 일관된 태도가 필수적이다. 공정하지 않거나 일관되지 않은 행동은 리더의 신뢰를 떨어뜨리고, 사람들의 복종을 약화시킬 수 있다. 사람들이 리더를 따르는 이유 중 하나는 리더가 정해진 규칙을 따르고, 그 규칙을 공정하게 적용한다고 믿기 때문이다.

예를 들어, 직장에서 상사가 직원들에게 동일한 기준을 적용하지 않거나, 특정 직원에게 특혜를 주면, 다른 직원들은 그 상사를 신뢰하지 않게 되고, 그 결과 복종의 힘이 약해진다. 반면, 상사가 모든 직원을 공정하게 대우하고 규칙을 일관되게 적용한다면, 직원들은 그 상사를 더 신뢰하고 따르게 된다. 공정성과 일관성은 사람들에게 안정감을 주고, 그들이 리더에게 순응하는 데 필요한 근거를 제공한다. 리더가 항상 공정하고 예측 가능한 행동을 한다면, 사람들은 그에 대한 복종을 자연스럽게 받아들일 수 있다.

감정적 지능: 사람을 이해하는 능력

성공적인 리더는 감정적 지능(Emotional Intelligence, EI)이 뛰어난 사람들이다. 감정적 지능이란 자신의 감정을 이해하고 조절하는 능력, 그리고 다른 사람의 감정을 이해하고 적절하게 대응하는 능력을 말한다. 리더는 자신뿐만 아니라 구성원들의 감정과 상태를 잘 파악하고, 그들이 필요로 하는 지원을 제공할 수 있어야 한다.

감정적 지능이 뛰어난 리더는 사람들의 불안과 스트레스를 잘 다루고, 그들의 동기부여를 이끌어낼 수 있다. 사람들은 자신을 이해해 주고, 그들의 감정을 존중하는 리더에게 더 많은 신뢰를 보내며, 그 지시에 더 잘 따르게 된다. 예를 들어, 리더가 어려운 상황에서도 차분하고 침착하게 대처하면, 구성원들도 그 안정감을 느끼고 리더의 말을 따르려는 경향이 커진다.

리더십의 위기 관리: 실패를 기회로 바꾸는 능력

리더십의 진가는 위기 상황에서 드러난다. 위기가 닥쳤을 때, 리더가 어떻게 대응하는지가 사람들의 복종에 중요한 영향을 미친다. 위기 상황에서 리더가 과감하게 결단을 내리고, 그 결단을 사람들에게 전달하며, 효과적으로 위기를 극복해 나간다면, 사람들은 그 리더에 대한 신뢰를 더욱 굳게 다질 것이다.

위기를 기회로 바꾸는 능력이 있는 리더는 사람들에게 영감을 주고, 더 많은 추종자를 얻게 된다. 반면, 위기를 두려워하거나, 그 상황에서 리더십을 발휘하지 못하면, 사람들은 리더에 대한 신뢰를 잃고 복종을 거부할 수도 있다.

성공적인 리더는 복종을 이끌어낸다

성공적인 리더는 단순히 명령을 내리는 사람이 아니다. 그들은 사람들의 마음을 얻고, 그들이 자발적으로 따를 수 있도록 만든다. 신뢰와 존경을 바탕으로 비전을 제시하고, 공정성과 일관성을 유지하며, 감정적 지능을 발휘하고, 위기 상황에서 침착하게 대응하는 리더는 사람들의 복종을 자연스럽게 이끌어낸다. 리더십의 핵심은 '명령'을 내리는 것이 아니라, 사람들이 자발적으로 따르고 싶게 만드는 것이다. 결국, 성공적인 리더는 명령을 내리는 사람이라기보다, 사람들에게 영감을 주고, 그들의 충성을 얻는 사람이다.

8

복종의 뒷면
저항의 심리학

다음으로 복종의 '반대편'을 살펴보려 한다. 즉, 저항의 심리학에 대해 이야기해 보자. 사람은 언제 복종을 거부하고, 왜 어떤 상황에서는 지시를 따르지 않는 걸까? 복종은 자연스러운 인간의 반응이지만, 때때로 우리는 이에 저항한다. 이러한 현상은 무엇에서 비롯되는 것일까? 이 장에서는 저항의 심리를 탐구하고, 사람들이 왜 복종을 거부하게 되는지, 그리고 어떤 조건에서 저항이 나타나는지 살펴보겠다.

권위에 대한 의문: 모든 권위가 정당한가?

복종에 대한 거부는 '권위에 대한 의문'에서 출발한다. 인간은 사회적 동물로서의 특성을 지니고 있지만, 동시에 스스로 판단하고 행동하는 능력을 가진 존재이기도 하다. 권위자나 지시자가 어떤 명령을 내렸을 때, 우리가 그 명령을 따를지 말지를 결정하는 중요한 요소 중 하나는 '그 명령이 정당한가?'라는 질문이다.

복종을 거부하는 첫 번째 이유는 바로 권위의 정당성에 대한 의심이다. 권위자나 지도자의 명령이 합리적이고 도덕적인지, 그 명령이 왜 필요한지에 대한 의문이 생길 때, 사람들은 복종을 거부할 가능성이 커진다. 예를 들어, 회사에서 상사가 부당하게 명령을 내릴 때, 직원은 그 명령이 정당한지 의문을 품게 된다. 이럴 경우, 명령을 따르지 않는 것이 도덕적으로 더 옳다고 판단할 수 있다.

권위자는 항상 그 지시가 왜 필요한지 사람들이 납득할 수 있도록 해야 한다. 그렇지 않으면, 의심은 저항으로 변할 수 있다.

개인의 가치관과 윤리적 판단

복종을 거부하는 또 다른 중요한 이유는 개인의 가치관과 윤리적 판단이다. 우리가 복종을 거부할 때, 그 이유는 종종 내면에서 느끼는 도덕적 기준과 연결된다. 권위의 지시가 우리의 개인적인 신념이나 윤리적 가치와 상충할 때, 사람들은 그 지시를 따르지 않을 수 있다. 예를 들어, 부당한 행동을 하라고 명령을 받았을 때, 사람은 자신의 도덕적 기준에 맞지 않다고 느끼면 복종을 거부할 것이다.

역사적으로도 이런 유형의 저항은 여러 차례 있었다. 예를 들어, 미국의 시민권 운동에서 마틴 루터 킹 Jr.는 백인과 흑인 간의 평등을 요구하며, 당시 사회의 부당한 권위에 저항했다. 개인의 가치관과 도덕적 판단이 권위와 충돌할 때, 저항은 그 자체로 필연적인 선택이다.

사회적 압력과 집단 내 저항

복종을 거부하는 행위는 종종 사회적 관계에서 위기를 초래한다. 그럼에도 불구하고, 집단 내에서 사회적 압력이 특정 방향으로 작용할 때, 사람들은 그 압력을 거슬러 저항을 시작할 수 있다.

이는 '사회적 순응'이라는 심리적 메커니즘과 밀접한 관련이 있다. 사회적 순응은 개인이 집단의 기대에 부응하려는 자연스러운 욕구에서 비롯된다. 그러나 이 순응이 지나치게 강압적으로 요구될 때, 사람들은 그 반대급부로 저항의 심리를 느끼게 된다. 예를 들어, 집단 내에서 계속해서 잘못된 행동을 하거나 부당한 대우를 받았을 때, 그 압박이 결국 저항으로 표출될 수 있다. 우리는 주위 사람들과 의견이 다를 때 종종 자신의 의견을 강하게 주장하게 되며, 이 과정에서 복종을 거부하는 태도를 보인다.

두려움과 저항: 억압된 감정의 표출

사람들이 복종을 거부하는 원인 중 하나는 두려움이다. 두려움은 복종을 강화하는 요소이지만, 너무 커지면 오히려 저항을 촉발시키기도 한다. 두려움의 뿌리는 종종 사회적 억압이나 불안정성에서 비롯되며, 그 두려움이 점차 커지면 사람들은 그 억압에 맞서 싸울 의지를 가지게 된다.

예를 들어, 권위자가 지나치게 압박을 가하거나 불합리한 요구를 할 때, 처음에는 복종하지만, 그 압박이 지속되면 결국 그 감정은 저항으로 변하게 된다. 두려움은 고립되거나 통제되지 않은 상황에서 저항으로 나타난다.

저항의 긍정적 측면: 변화의 씨앗

많은 사회적 변화는 저항에서 비롯된다. 권위에 대한 저항은 그 자체로 변화를 일으킬 수 있는 중요한 원동력이다. 역사적으로, 억압적인 사회나 정치적 환경에서 발생한 저항은 결국 큰 사회적 변화를 가져왔다. 1960년대의 시민권 운동, 여성의 권리 운동 등은 모두 당시의 사회적, 정치적 권위에 대한 저항에서 비롯되었다.

이처럼 저항은 단지 권위에 대한 거부가 아니라, 불공정한 체제에 대한 비판과 변화의 요구로 볼 수 있다. 고로 저항은 사회적 진보와 발전을 위한 필수적인 요소가 될 수 있다. 중요한 것은 저항이 단지 반항적인 태도나 무조건적인 거부가 아니라, 정당한 이유와 목적이 있어야 그것이 긍정적인 방향으로 나아갈 수 있다는 점이다. 결론적으로 저항은 복종의 다른 얼굴이며, 저항의 심리는 복종과 매우 밀접하게 연결되어 있다.

저항은 단순한 반항이 아니며, 때로는 사회적 변화를 촉진하는 중요한 과정이기도 하다. 복종과 저항 중 어느 쪽을 선택하는지에 따라 우리는 더 나은 사회를 만들거나, 그 반대의 결과를 초래할 수 있다. 복종과 저항 모두 자연스러운 인간의 심리적 반응이며, 그 둘 사이에서 균형을 찾는 것이 중요하다.

9

복종이 가져오는 위험, 반항의 순간

우리는 모두 일상에서 무수히 많은 명령과 지시를 받으며 살아간다. 상사의 지시, 부모님의 조언, 또는 사회가 정해놓은 규칙에 따르는 일이 흔히 일어난다. 복종은 사회적 질서를 유지하는 데 필수적인 메커니즘이지만, 그로 인해 발생할 수 있는 위험도 존재한다. 때로는 복종이 단순히 '질서'나 '협력'을 넘어, 개인의 자유와 도덕적 판단을 위협할 수 있다. 그럼에도 불구하고, 저항의 순간은 때때로 필수적이며, 그것이 결국 더 나은 사회적 변화로 이어질 수 있다.

복종과 도덕적 침묵

복종은 종종 사람들이 자신의 도덕적 기준을 무시하도록 만든다. 사람들이 권위자나 상위자의 지시를 따를 때, 그 명령이 옳은지 그른지를 스스로 판단하는 대신, 단순히 명령을 따르게 되는 경우가 많다. 이럴 때, 복종은 도덕적 침묵을 강요할 수 있다. 권위자가 내린 명령이 도덕적으로 문제가 있거나, 불합리한 경우라도, 사람들이 그 명령을 따르는 이유는 주로 '권위에 대한 신뢰'와 '복종에 대한 습관' 때문이다.

유명한 심리학 실험인 밀그램 실험(Milgram Experiment)에서, 실험자는 참가자들에게 전기 충격을 가하라는 명령을 내렸고, 참가자들은 '피 실험자'에게 실제로 고통을 주는 전기 충격을 가하면서도, "그저 지시를 따른 것뿐"이라는 이유로 자신들의 도덕적 책임을 피했다. 이는 복종이 도덕적 판단을 흐리게 할 수 있음을 보여준다. 즉, 복종은 때때로 윤리적 책임을 회피하게 만들고, 지시자가 내리는 명령을 따라가면서도 내면적으로는 그 명령이 잘못됐음을 알게 되는 상황을 초래한다.

이러한 상황에서 중요한 것은, 복종이 도덕적 판단을 대체할 수 있다는 사실이다. 복종하는 사람은 명령에 따르기 위해 자신이 무엇을 하고 있는지, 그리고 그 행동이 사회적으로나 윤리적으로 어떤 결과를 초래할지 깊이 생각하지 않는다. 이는 결국 비판적 사고와 도덕적 자율성을 약화시키며, 심각한 사회적 문제를 낳을 수 있다.

무비판적 복종: 악의 평범성

'악의 평범성'은 독일의 정치 철학자 한나 아렌트(Hannah Arendt)가 나치 독일의 전범들을 분석하면서 사용한 개념이다. 아렌트는 나치의 전범들이 '악'을 저지르면서도 자신들이 악을 행하고 있다는 사실을 인식하지 못했다고 주장했다. 그들은 단지 상급자의 지시를 따랐을 뿐, 그것이 인류 역사에서 가장 참혹한 사건 중 하나인 홀로코스트를 일으킬 수 있다는 것을 깨닫지 못했다.

복종이 가지는 위험 중 하나는 무비판적 복종이다. 사람들이 단순히 권위자나 지배자의 명령을 따를 때, 그 명령의 부당함이나 그로 인해 발생할 수 있는 악행을 인식하지 못하는 경우가 많다. 이런 무비판적 복종은 대개 나쁜 결과를 초래한다. 복종이 불러오는 가장 큰 위험은 부도덕한 행동을 은폐하고, 그로 인해 불법적인 일이나 비윤리적인 일이 정당화될 수 있다는 것이다.

복종의 심리적 장벽: 개인의 자유와 책임

복종은 사람들에게 심리적 편안함을 제공할 수 있다. "상사가 시킨 대로 했으니까 책임은 나에게 없다"라는 생각은 인간에게 큰 위안이 될 수 있다. 그러나 복종은 개인의 자유와 책임을 저버리는 결과를 초래할 수 있다. 권위자나 상급자의 지시를 따르는 것이 쉬운 선택이 될 때, 사람들은 자신의 결정이나 행동에 대한 책임을 피할 수 있게 된다. 이는 자유를 억압하는 심리적 장벽이 될 수 있다. 그렇다면 사람들이 복종을 거부하는 순간은 언제일까? 그것은 바로 자기 자신의 도덕적, 윤리적 기준을 지키려는 순간이다. 복종이 도덕적 가치나 개인의 양심을 침해할 때, 사람은 그 복종을 거부하고 저항할 수 있다. 이때 저항은 단순히 "복종하지 않겠다"는 뜻이 아니라, 자신의 자유와 책임을 주장하는 것이다. 고로, 저항은 단순한 반항이 아니라, 개인의 자율성과 도덕적 책임을 회복하는 중요한 행동이다.

저항의 필요성

복종은 단지 사회적 질서와 안전을 유지하는 데 필요하다. 그러나 무조건적인 복종은 위험하다. 때로는 저항이 필요한 순간이 있다. 사회가 부당한 법과 규칙을 강요할 때, 개인이나 집단은 저항을 통해 사회적 변화를 촉진할 수 있다. 복종이 인간 사회에서 질서를 유지하는 데 중요한 역할을 한다면, 저항은 그 질서가 부당하거나 억압적일 때 이를 바로잡는 역할을 한다.

복종의 대가와 반항의 가치

복종은 인간 사회에서 질서와 안정성을 유지하는 데 필수적인 요소지만, 무비판적 복종은 위험을 초래할 수 있다. 복종이 사람들의 도덕적 책임을 무시하게 하고, 무조건적인 순응을 유도할 때, 그것은 사회적, 윤리적 문제를 발생시킬 수 있다. 복종의 위험성을 인식하고 그에 대응하여 반응하는 저항은 때로 필요하다. 우리는 언제 복종을 해야 하고, 언제 저항해야 하는지에 대한 기준을 명확히 해야 한다. 복종이 개인과 사회를 보호하는 역할을 할 수 있는 반면, 저항은 그 복종이 부당하고 비윤리적일 때 사회적 변화를 이끄는 중요한 열쇠가 될 수 있다. 결국, 복종과 반항은 모두 인간 사회의 중요한 두 축이며, 그 균형을 잘 맞추는 것이 더 나은 사회를 만들어 가는 길이다.

10

일상 속의
명령과 복종

우리는 하루에도 수많은 명령을 받는다. 직장에서 상사의 지시, 가정에서 부모의 명령, 심지어 길을 걷다 마주치는 경찰의 지시까지, 우리는 끊임없이 누군가의 명령을 따르고 있다. 그럼에도 불구하고, 대부분의 사람들은 이러한 명령을 특별히 의심 없이 받아들인다. 그 이유는 무엇일까? 우리는 왜 일상에서 명령을 따르게 되는 걸까? 이 질문을 풀기 위해서는, 명령과 복종이 어떻게 우리의 일상 속에서 작용하는지, 그리고 그것이 왜 사회적으로 중요한지를 살펴볼 필요가 있다. 명령과 복종은 단순히 권력을 행사하는 문제가 아니라, 우리가 어떻게 사회적 존재로 살아가고, 개인의 자유와 사회 질서가 어떻게 균형을 이루는지에 관한 문제이기도 하다.

명령을 받으면 우리는 본능적으로 특정한 심리적 기제로 반응한다. 인간은 본능적으로 부모, 교사, 상사와 같은 권위자에게 복종하는 경향이 있다. 이는 사실 심리적으로 매우 본능적인 반응이다. 권위 있는 인물이나 상위 존재가 무엇인가를 지시할 때, 우리는 이를 '올바른 것', '안전한 것'으로 인식하고 따르게 된다. 고대 인간 사회에서도 부족의 우두머리나 지도자는 중요한 결정을 내리곤 했으며, 그 명령에 따르는 것은 단순히 지시를 수행하는 것이 아니라 무리의 생존을 보장하는 중요한 행위였다. 오늘날에도 우리는 상사의 지시에 따라 업무를 수행하거나, 부모의 명령을 따르며 일종의 안정감을 느낀다. 이는 인간이 불확실성이나 혼란을 두려워하며, 권위에 대한 복종을 통해 안정된 질서를 유지하려는 본능적인 욕구에서 비롯된 것이다.

우리는 일상 속에서 만나는 사람들에게서 각기 다른 권위를 인식한다. 직장에서 상사, 집에서 부모, 학교에서 선생님과 같은 이들은 각기 다른 사회적 역할을 수행하며, 그에 따른 기대가 존재한다. 이들이 내리는 명령은 우리가 그들과 맺는 관계 속에서 무엇을 해야 할지 명확히 알려준다. 직장에서 상사가 내리는 지시는 업무의 효율을 높이기 위한 것이다. 우리는 상사의 지시에 따르면서 자신이 맡은 직무를 충실히 수행하게 된다. 이 관계는 마치 계약처럼 기능한다. 우리가 상사의 명령을 따른다면 그 대가로 보수를 받는 식이다. 가정에서는 부모가 자녀에게 규범을 가르치기 위해 명령을 내린다. "숙제를 해라", "방을 청소해라"는 명령은 자녀가 사회에서 적절히 행동할 수 있도록 가르치기 위한 것이다. 부모의 권위는 자녀에게 가치와 규범을 전달하는 중요한 역할을 한다. 자녀는 부모의 명령을 따르면서 점차 사회적 규범을 배우게 된다. 일상 속의 명령과 복종은 단순히 누군가의 권위에 복종하는 것 이상의 의미를 가진다. 그것은 우리가 서로에게 기대하는 역할을 수행하는 과정이며, 사회적으로 구성된 질서를 지키기 위한 중요한 방법이기도 하다.

그렇다면 우리는 왜 명령을 따를까? 첫째, 안정감 때문이다. 명령을 따를 때 우리는 무엇을 해야 할지 확실히 알게 된다. 불확실한 상황에서는 행동의 방향을 제시하는 명령이 매우 유용하다. 예를 들어, 직장에 막 출근했을 때, 상사의 지시가 명확하다면 우리는 그것을 따름으로써 하루를 안정적으로 시작할 수 있다. 둘째, 소속감과 사회적 인정 때문이다. 명령을 따르는 것은 단지 질서를 지키는 것 이상의 의미를 가진다. 우리는 집단 내에서 소속감을 느끼기 위해, 상위 권위자가 내리는 명령을 따르곤 한다. 직장에서 상사의 명령을 따를 때, 우리는 그 팀의 일원으로서 인정받고 있다고 느낀다. 사람은 집단의 일원으로서 자신을 인정받고, 그로 인해 자기 존재감을 확인하는 것을 중요하게 여긴다. 셋째, 역할에 최선을 다하고자 하는 인간의 본성 때문이다. 명령을 따르는 것은 곧 조직 내에서 자신이 맡은 역할을 충실히 수행하는 것이다. 예를 들어, 학교에서 학생은 선생님의 지시를 따르며 학습하고, 그 과정을 통해 지식을 습득하고 성장한다. 마찬가지로 직장에서 상사의 명령에 따르는 것도 자신이 맡은 업무를 잘 수행하기 위함이다. 이렇듯 집단에서 주어진 자신의 역할을 수행함으로써 소속감과 집단 내에서 자신의 위치를 굳힐 수 있다.

그러나 일상 속에서 반복되는 명령과 복종은 때때로 문제를 일으킬 수 있다. 명령에 너무 의존하게 되면 비판적 사고나 자율성이 약해질 수 있다. 무조건적으로 복종하는 태도는 때로 사회적 불합리나 비효율을 간과하게 만든다. 예를 들어, 직장에서 상사의 지시가 항상 최선의 선택일 수 없다. 상사의 지시가 잘못되었을 때, 그 잘못을 지적하지 않고 무비판적으로 따르기만 한다면 조직의 발전은 물론, 개인의 성장에도 방해가 될 수 있다. 또한, 부모의 권위에 무조건적으로 복종하는 자녀는 자신의 목소리를 내기 어려워질 수 있다. 이런 경우 자녀는 스스로 문제를 해결하는 능력이나 자율적 사고를 기르기보다는 부모의 명령에 의존하게 된다. 이러한 형태의 복종은 자기주도적인 능력이나 창의성을 제한할 위험이 있다.

따라서 명령과 복종은 균형을 이루어야 한다. 우리는 명령을 따르면서도 비판적 사고를 유지해야 한다. 상황에 따라 적절한 저항을 할 수 있는 능력을 기르는 것이 중요하다. 명령과 복종의 균형은 우리 사회가 원활히 돌아가기 위한 중요한 역할을 한다. 그렇기에 우리는 명령을 따르면서도 그 명령이 정당한지, 우리가 따르는 이유가 무엇인지에 대해 스스로 끊임없이 되묻는 과정을 거쳐야 한다.

직장에서의 복종: 상사의 명령, 직원의 반응

직장에서의 상사의 명령은 그 자체로 중요한 의미를 지닌다. 상사는 직무를 수행하는 과정에서 방향을 제시하고, 업무의 효율을 높이기 위한 지시를 내린다. 이러한 명령은 종종 단순한 지시로 끝나지 않고, 직원들의 태도와 행동에 깊은 영향을 미친다. 과연 직원들은 이러한 명령에 어떻게 반응하고, 그 반응이 업무의 효율성과 조직의 분위기에 어떤 영향을 미칠까?

상사의 명령을 받는 것은 직장 내에서 가장 기본적인 사회적 상호작용 중 하나다. 상사의 지시를 받는 과정에서 직원은 보통 두 가지 반응을 보인다. 첫째는 명령에 순응하는 반응이다. 직장에서 상사의 지시에 대한 복종은 대체로 직장의 질서와 효율을 유지하는 데 중요한 역할을 한다. 직원은 상사의 명령을 따르며 업무를 처리하고, 그 대가로 급여와 승진을 기대할 수 있다. 이 경우, 명령을 따르는 직원은 업무의 일관성을 유지하고, 상사와의 관계에서 인정과 신뢰를 쌓아가며, 조직 내에서 안정적인 위치를 확보하게 된다.

그러나 직원들이 항상 명령에 무조건적으로 순응하는 것만은 아니다. 때때로, 명령에 대한 반발이 일어나기도 한다. 이는 여러 가지 이유로 발생할 수 있는데, 예를 들어 명령이 비합리적이거나 불합리하다고 느껴지거나, 상사의 리더십 스타일이 권위적이거나 독단적일 때가 이에 해당한다. 이 경우, 직원은 상사의 명령을 따르지 않거나, 자신만의 방식으로 문제를 해결하려 한다. 반발은 때로는 업무 효율성을 떨어뜨리거나 조직 내 갈등을 야기할 수도 있지만, 긍정적인 측면도 있다. 직원이 비판적 사고를 발휘하고, 상사의 명령이 잘못되었음을 지적함으로써 문제를 개선할 수 있는 기회가 될 수 있기 때문이다.

직원들이 상사의 명령에 반응하는 방식은 그들이 직장 내에서 어떤 역할을 맡고 있느냐에 따라 달라진다. 직장에서의 위계질서가 뚜렷할수록, 즉 상사와 부하직원 간의 권위 차이가 클수록, 직원들은 대체로 상사의 명령에 순응하는 경향이 강하다. 이런 분위기에서는 상사의 명령이 무조건적이고 일방적인 지시로 받아들여지며, 직원은 이에 절대적으로 복종하려고 하는 경향이 크다. 그러나 최근에는 민주적인 조직문화와 수평적인 상호작용을 강조하는 기업들이 많아졌다. 이 경우, 상사의 명령에 대한 직원들의 반응은 조금 달라진다. 직원들은 단순히 지시를 따르기보다는, 자신의 의견을 제시하거나, 명령이 어떻게 업무에 도움이 될지에 대해 논의할 기회를 가지려 한다.

이러한 변화는 특히 밀레니얼 세대와 Z세대 직원들 사이에서 뚜렷하게 나타난다. 이 세대는 "존중받기를 원하는" 경향이 강하며, 상사와의 관계에서 권위주의적인 태도를 반대하는 경우가 많다. 그들은 상사의 지시가 항상 합리적이지 않다고 느끼거나, 더 효율적인 방법이 있다고 생각할 때 자신의 의견을 제시하려 한다. 이러한 반응은 때로 상사와의 마찰을 일으킬 수 있지만, 동시에 조직에 새로운 아이디어와 개선의 기회를 제공하기도 한다.

결국, 직장에서의 복종과 명령은 단순히 위계적인 문제에 그치지 않는다. 상사의 명령은 조직 내에서 질서를 유지하고 업무를 효율적으로 수행하기 위한 중요한 요소이지만, 직원들이 그 명령에 대해 비판적으로 사고하고, 개선을 위한 아이디어를 제시하는 것도 중요한 역할을 한다. 이 두 가지 요소가 균형을 이루며 상호작용할 때, 조직은 더욱 건강하고 지속적으로 성장할 수 있을 것이다.

가정에서의 권위: 부모와 자식 간의 관계

가정은 단순한 거주 공간을 넘어서, 인간이 사회적 존재로서 첫발을 내딛는 중요한 장소다. 그 가정 안에서 가장 중요한 역할을 하는 사람들은 부모다. 부모는 자녀에게 사랑과 보살핌을 주는 존재이기도 하지만, 동시에 자녀에게 사회적 규범과 가치를 전달하는 중요한 권위자이기도 하다. 부모와 자식 간의 관계에서 '권위'는 단순한 명령이나 통제의 문제가 아니라, 사랑과 책임이 얽힌 복잡한 상호작용의 결과다.

부모의 권위는 어떻게 형성되는가?

부모의 권위는 자연스럽게 권력의 관계로 보기 쉽지만, 그 속에는 사랑, 보호, 교육, 그리고 부모로서의 책임감이 얽혀 있다. 부모는 자녀에게 인생의 기본적인 규칙을 가르치고, 그들을 올바르게 길러내기 위해 권위를 행사할 필요가 있다. 그러나 이러한 권위가 어떻게 형성되고, 어떤 방식으로 행사되는지에 따라 자녀의 성장과 부모 자식 간의 관계는 크게 달라질 수 있다. 가장 기본적으로 부모는 자녀에게 규칙을 설정하고, 이를 따르도록 요구한다. 예를 들어, "늦게까지 밖에 나가지 마라", "숙제는 끝내고 놀아라"는 규칙은 자녀가 사회에서 적절히 행동할 수 있도록 돕는 중요한 지침이다. 그러나 부모가 단순히 권위적으로 지시만 한다면, 자녀는 그 규칙을 내면화하기보다는 반발하거나 거부할 가능성이 높다. 이는 부모가 단지 명령을 내리는 권위자가 아니라, 자녀의 성장과 발달을 돕는 가이드로서의 역할을 해야 함을 시사한다.

부모의 권위, 어떻게 행사해야 할까?

부모의 권위가 지나치게 강압적이거나 독단적이라면, 자녀는 그 권위에 순응하기보다는 반발하게 될 수 있다. 특히, 부모가 일방적인 방식으로 명령을 내리고 그 이유를 설명하지 않으면, 자녀는 그 명령을 이해하지 못하고 저항감을 느끼게 된다. 예를 들어, "이렇게 해라!"라고 말하는 대신, "왜 이렇게 해야 하는지 알겠니?"라고 묻고 그 이유를 설명하는 방식이 더 효과적일 수 있다. 이런 방식은 자녀에게 자신이 따르는 규칙의 의미와 가치를 이해하게 만들고, 단순히 부모의 권위에 순응하는 것이 아니라 자율적인 사고와 행동을 촉진하는 데 도움이 된다.

그러나 모든 부모가 같은 방식으로 권위를 행사하는 것은 아니다. 부모의 성격, 문화적 배경, 교육 방식에 따라 권위의 행사 방식도 달라진다. 어떤 부모는 권위적인 방식으로 자녀를 통제하고, 다른 부모는 더 민주적이고 대화 중심의 방법을 사용한다. 최근에는 부모와 자녀가 서로의 의견을 존중하고, 가급적 대화와 협상을 통해 문제를 해결하려는 경향이 많아졌다. 이러한 방식은 자녀에게 자율성과 책임감을 심어주며, 나아가 부모와 자식 간의 관계를 더욱 건강하게 유지하는 데 중요한 역할을 한다.

권위가 약해지면 발생할 수 있는 문제

부모의 권위가 지나치게 약해지거나, 부모가 자녀에게 너무 많은 자유를 주면 자녀는 책임감 없이 자라날 수 있다. 예를 들어, 규칙이 없거나 자녀가 행동에 대한 결과를 경험하지 않으면, 자녀는 자신의 행동이 어떤 영향을 미칠지 생각하지 않고 행동할 수 있다. 이는 사회적으로 부적절한 행동이나 나쁜 습관을 형성하게 만들 수 있다. 자녀는 자신이 원하는 대로 행동할 수 있다고 느끼고, 부모의 권위가 약해졌다는 사실을 인식하게 된다.

하지만 부모가 지나치게 권위적이거나 통제적인 경우, 자녀가 자유롭고 자율적인 사고를 할 수 있는 기회를 제한할 수 있다. 이는 자녀가 성인이 되었을 때 독립적인 사고와 결정을 내리는 데 어려움을 겪게 할 수 있다. 부모의 권위가 지나치게 강압적일 때, 자녀는 부모의 의견을 따르기보다는 저항하거나 무시하게 될 가능성이 커진다. 결국, 부모와 자식 간의 관계는 갈등으로 이어질 수 있으며, 자녀는 부모를 신뢰하지 않거나 부모와의 소통에 어려움을 겪을 수 있다.

부모와 자식 간의 권위의 균형

이처럼 부모의 권위는 단순히 명령을 내리는 것 이상의 의미를 지닌다. 부모는 자녀에게 존중을 보이면서도, 필요한 때에는 규칙을 설정하고, 자녀가 사회적 존재로 성장할 수 있도록 도와야 한다. 부모는 자녀에게 무엇을 해야 하는지 알려주는 것뿐만 아니라, 왜 그렇게 해야 하는지 설명할 책임이 있다. 그리고 자녀는 부모의 권위가 사랑과 관심에서 비롯된 것임을 이해할 때, 그것을 더 자연스럽게 받아들일 수 있다.

부모와 자식 간의 관계에서 중요한 것은 권위의 행사와 자율성 사이의 균형을 찾는 것이다. 부모는 자녀에게 자유를 주되, 그 자유가 책임감과 균형을 이루도록 도와야 한다. 자녀는 부모의 권위를 존중하면서도 자신의 의견을 표현하고, 스스로 선택하고 결정하는 능력을 키워야한다. 부모가 지나치게 지배적인 권위자가 되지 않으면서도, 자녀에게 필요한 규칙과 지침을 제공하는 것, 그리고 자녀가 그 속에서 자율성과 책임감을 배우도록 돕는 것이 중요하다. 결국, 부모의 권위는 단지 명령을 내리는 권력의 문제가 아니라, 자녀가 건강하고, 책임감 있는 사회 구성원으로 성장할 수 있도록 돕는 역할을 한다. 부모와 자식 간의 관계에서 권위는 두 사람 간의 상호 존중과 신뢰를 바탕으로 작동해야 하며, 이를 통해 더 나은 사회적 존재로서의 자아를 형성할 수 있다.

11

사회적 규범과 법, 어떻게 권위는 우리를 지배하는가?

우리의 일상은 보이지 않는 규칙들로 가득 차 있다. 길을 건널 때 신호등을 따라야 하고, 음주 후에는 운전대를 잡지 말아야 하며, 회사에서는 정해진 업무시간에 출근하고 퇴근해야 한다. 우리는 무수히 많은 규칙과 법에 둘러싸여 살아간다. 그런데 왜 우리는 이러한 규칙을 따를까? 그 규칙을 어겼을 때 발생할 수 있는 처벌이나 불이익을 피하려는 본능적인 반응일까, 아니면 그 규칙이 정말로 우리에게 이롭다고 믿기 때문일까? 사실, 규범과 법은 단순히 사회 질서를 유지하는 도구가 아니라, 우리의 행동과 사고방식에 깊이 내재된 권위의 상징이기도 하다.

사회적 규범: 보이지 않는 손의 힘

사회적 규범은 말 그대로 사람들이 사회에서 어떻게 행동해야 하는지에 대한 '묵시적인' 규칙이다. 규범은 법처럼 공식적으로 문서로 존재하지 않지만, 여전히 사람들의 일상에 강력한 영향을 미친다. 예를 들어, "공공장소에서 큰 소리로 대화하지 말라", "나이가 많으면 존경을 표하라"는 규칙은 누구에게나 명확히 써져 있지 않지만, 사회에 속한 사람이라면 대부분 이를 자연스럽게 따르게 된다. 이러한 규범은 매우 강력하다. 우리는 다른 사람들이 자신의 행동을 기준으로 평가할 것을 알기 때문에, 다른 사람들의 눈을 의식하며 규범에 맞춰 행동하려 한다. 사실, 사람은 본능적으로 사회적 동물이다. 우리는 집단 속에서 인정받고, 동료나 상사에게 긍정적인 평가를 받으려는 욕구가 있다. 그렇기에 사회적 규범은 종종 우리가 "해야만 하는 것"으로 인식된다. 누군가는 자신이 하는 일이 옳은지 그른지에 대해 깊이 생각하기보다는, 그저 주변 사람들이 어떻게 행동하는지 보고 그에 맞추려 한다. 바로 이러한 점이 사회적 규범이 우리를 지배하는 방식이다.

법: 명확한 지침이자 권위의 상징

법은 사회적 규범을 공식화한 것이다. 법은 무엇을 해야 하고, 무엇을 해서는 안 되는지에 대해 명확한 지침을 제시한다. 여기서 중요한 점은, 법은 단지 규칙일 뿐만 아니라 권위를 가진 기관이 만든 지침이라는 점이다. 법을 제정하는 것은 국가와 정부의 권한이고, 이를 위반하면 법적 처벌이 따르기 때문에 우리는 법을 엄격히 따를 수밖에 없다.

법은 우리가 살아가는 사회에서 특정한 질서를 유지하기 위한 필수적인 요소이지만, 그 법이 어떻게 형성되고 적용되는지에 따라 개인의 삶에 미치는 영향은 크게 달라질 수 있다.

또한, 법은 단순한 규범이 아니라, 권위가 어떻게 행사되는지의 문제이기도 하다. 법을 준수하지 않으면 벌금을 내거나, 심지어 감옥에 가야 할 수도 있다는 사실은 우리를 지배하는 강력한 권위적 장치다.

권위의 형성: 어떻게 규범과 법은 권력을 행사하는가?

그렇다면, 왜 우리는 이러한 규범과 법을 따를까? 단순히 처벌을 두려워해서일까? 그렇지 않다. 우리가 법과 규범을 따르는 이유는 그 규범이 사회적 계약처럼 우리가 속한 공동체에서 다른 사람들과 어떻게 상호작용해야 하는지에 대한 '약속'이기 때문이다. 인간은 본능적으로 사회 속에서 안정감을 느끼고 싶어 한다. 사회적 규범과 법은 바로 그런 안정감을 제공한다. 만약 모든 사람이 자신만의 기준으로 행동한다면, 사회는 혼란스러워지고, 사람들은 불안감에 휩싸이게 된다. 그럼에도 불구하고, 규범과 법은 그 자체로 강력한 권위를 가진다. 즉, 사회는 규범과 법을 통해 질서를 유지하며, 이를 따르는 것 자체가 우리가 사회의 일원으로서 존중받고 있음을 의미한다.

권위와 저항: 법을 넘어서는 사회적 변화

하지만 법이나 규범이 항상 정당한 것만은 아니다. 역사적으로 우리는 많은 사례에서 사회의 규범이나 법이 부당하게 작용했던 것을 목격했다. 수많은 차별적인 규정들이 당시 사회의 권위 아래 정당화되었지만, 결국 사람들이 이에 저항하고 변화를 이끌어냈다. 오늘날 우리는 여전히 일부 규범이나 법이 불합리하다는 주장을 제기하고, 그것을 바꾸기 위한 노력을 기울인다.

이런 면에서 권위는 고정된 것이 아니라, 끊임없이 변화할 수 있다. 과거에는 당연하게 여겨졌던 규칙이나 법들이 이제는 비판의 대상이 되기도 하고, 새로운 가치관에 따라 수정되기도 한다. 예를 들어, 여성의 권리나 동성애자의 권리를 인정하는 법은 예전에 비해 상당히 발전한 모습이다. 이는 사회가 규범과 법을 통해 권위를 행사하면서도, 그 권위에 대한 비판적 사고와 저항이 결국 변화를 일으킬 수 있음을 보여준다.

권위의 이해와 그로부터의 자유

결국, 사회적 규범과 법은 우리를 지배하는 강력한 권위의 체계다. 우리는 그 규범과 법을 따르며 사회 속에서 질서를 유지하고, 그로 인해 안정감을 얻는다. 그러나 중요한 것은 규범과 법이 단순히 지배의 수단에 그쳐서는 안 된다는 점이다. 우리는 이를 따르되, 그 이유와 의미를 이해하고, 때로는 그것에 대해 의문을 제기하고 저항하는 태도도 필요하다. 권위는 강력하지만, 우리가 그것을 어떻게 받아들이고 활용할지는 우리에게 달려 있다. 법과 규범을 따르는 것만큼, 그것이 우리가 진정으로 살아가고 있는 사회에 적합한지 성찰하는 것도 중요하다.

12

권위에 대한
신뢰와 회의

권위는 우리가 살고 있는 사회에서 중요한 역할을 한다. 직장에서의 상사, 학교에서의 선생님, 그리고 법과 규범까지, 권위는 일상 곳곳에 깊이 뿌리내리고 있다. 이러한 권위는 사회를 원활하게 운영하고 질서를 유지하는 데 중요한 기능을 한다. 사람들이 공동체 내에서 서로 협력하고, 안전하게 생활할 수 있도록 돕는 역할을 한다. 하지만 권위는 그 자체로 맹목적으로 받아들여지기보다는, 때로 의문을 불러일으키기도 한다. "이 권위는 정말 옳은 것인가?", "왜 우리는 이 권위를 따라야 하는가?"와 같은 질문은 점점 더 많은 사람들이 제기하는 물음이다. 권위에 대한 신뢰와 회의는 우리가 사회에서 어떻게 살아가야 할지에 대한 중요한 문제를 던진다. 이 균형을 어떻게 잡을 것인가에 따라 우리의 삶과 사회는 크게 달라질 수 있다.

권위에 대한 신뢰는 사회의 안정과 질서 유지를 위해 필수적이다. 예를 들어, 직장에서 상사의 지시를 따르는 것은 단순히 명령을 따르는 것이 아니다. 그것은 조직이 원활하게 운영될 수 있도록 돕는 중요한 행동이다. 마찬가지로, 법과 규범을 따르는 것도 우리가 살고 있는 사회가 일정한 질서와 규칙에 의해 운영된다고 믿기 때문이다. 우리가 신호등을 믿고 교차로에서 멈추는 것은 단순히 법을 지키는 것이 아니라, 신호등이 우리를 안전하게 이끌 것이라는 신뢰를 바탕으로 한 행동이다. 만약 이 신뢰가 깨지면, 교차로에서의 혼란과 사고가 발생할 수 있다. 결국, 권위에 대한 신뢰는 사회적 협력과 안정성을 위해 중요한 요소이다. 우리는 규범이나 법을 따를 때, 그것들이 공동체의 이익을 보호하는 기본적인 지침이 된다고 믿기 때문에 따르는 것이다.

하지만 권위에 대한 신뢰가 항상 긍정적인 결과를 가져오는 것은 아니다. 때때로 권위는 남용되기도 한다. 권력을 가진 사람들이 그 지위를 악용해 개인적인 이익을 추구할 때 권위는 부정적인 면을 드러낸다. 예를 들어, 역사적으로 많은 독재자들이 절대적인 권력을 이용해 국민을 억압하고 그들의 자유를 침해했다. 이와 같은 사례들은 사람들이 권위에 대해 회의적인 태도를 취하게 만든다. "이 권위가 정말 우리 사회를 위한 것인가?"라는 의문이 생기게 된다. 현대 사회에서도 권위의 남용은 여전히 존재한다. 예를 들어, 기업 내 상사가 무조건적으로 불합리한 지시를 내릴 때, 직원들은 자신의 의견을 표현하기 어려워지고 불필요한 스트레스를 겪게 된다. 정치적인 권위 역시 마찬가지다. 권력자들이 법을 자의적으로 해석하고 특정 집단이나 계층에 유리한 방식으로 제도를 운용할 때, 법에 대한 신뢰는 급격히 떨어진다. 이때 우리는 "이 권위는 정말 나와 공동체를 위한 것인가?"라는 질문을 던지며, 때로는 권위에 대한 반발을 일으킨다.

그렇다면 권위에 대한 신뢰와 회의는 어떻게 균형을 이룰 수 있을까? 권위에 대한 신뢰는 사회가 제대로 기능하고 질서가 유지될 수 있도록 돕는다. 그러나 신뢰가 무조건적이라면, 그것은 위험할 수 있다. 권위에 대한 신뢰는 그것이 우리를 더 나은 방향으로 이끌고, 사회를 공정하고 정의롭게 만드는 데 기여할 때만 우리 사회에 긍정적이다. 권위가 개인적인 이익을 추구하거나 불합리하게 행사될 경우, 그에 대한 회의와 비판은 자연스러운 반응이다. 실제로 많은 사회적 변화는 권위에 대한 회의에서 비롯되었다. 사람들이 기존 권위 체계에 의문을 제기하고 그것이 사회적 불평등이나 부조리를 초래한다고 인식할 때, 변화의 바람이 일어났다. 시민권 운동, 여성 운동, 환경 운동 등은 모두 기존 권위에 대한 비판과 회의에서 시작되었다. 이들 운동은 기존의 사회적 규범과 권위에 도전하며, 결국 사회를 더 나은 방향으로 이끌어왔다. 이러한 변화는 권위에 대한 신뢰가 단순히 맹목적인 복종이 아니라, 그 권위가 합당하고 공정하게 행사될 때만 유지되어야 한다는 중요한 교훈을 남긴다.

권위가 신뢰를 받기 위해서는 그것이 정당성을 가져야 한다. 사람들이 권위에 대해 신뢰를 갖는 이유는 그 권위가 공정하고 올바르며, 공동체의 이익을 반영한다고 느낄 때이다. 예를 들어, 법은 모든 사람에게 동일하게 적용되어야 하며, 누구에게나 공정하게 집행되어야 한다. 만약 법이 특정 집단이나 계층에 유리하게 적용된다면, 그 법에 대한 신뢰는 떨어질 수밖에 없다. 마찬가지로, 직장에서 상사의 권위가 정당하다고 느껴질 때, 직원들은 그 권위에 대해 신뢰를 갖게 된다. 반대로 상사의 권위가 불합리하거나 불공정하게 행사된다면, 직원들의 신뢰는 흔들리게 된다. 권위는 그 권위를 행사하는 사람이 그 책임을 다하고 공정성을 유지할 때 비로소 정당성을 갖는다. 권위가 정당성을 가지려면, 그것이 사람들의 기대와 공정성에 부합해야 하며, 개인과 공동체의 복지를 증진시키는 방향으로 행사되어야 한다.

결국, 권위에 대한 신뢰와 회의는 끊임없이 상호작용하는 요소이다. 신뢰는 사회를 안정시키고 질서를 유지하는 데 중요한 역할을 하지만,

그것이 맹목적인 복종으로 변질되면 부정적인 결과를 초래할 수 있다. 중요한 것은 권위가 공정하고 정당하게 행사되는지를 끊임없이 평가하고, 그에 대한 비판적 사고를 유지하는 것이다. 권위에 대한 신뢰와 회의는 상충하는 것이 아니라, 서로 보완하며 사회의 발전을 이끌어간다. 권위가 신뢰받기 위해서는 진정성과 공정성을 바탕으로 형성되어야 하며, 우리는 그 권위를 따르면서도 그것이 합당한지 끊임없이 물어야 한다.

신뢰가 중요한 이유: 명령이 따르는 이유는 신뢰 때문이다

우리가 일상에서 경험하는 대부분의 상황에서, 명령을 따르는 이유는 단순히 그것이 '명령'이기 때문만은 아니다. 더 깊은 이유는 바로 신뢰에 있다. 직장에서 상사의 지시를 따르고, 경찰의 지시를 따르며, 심지어 정부가 설정한 규칙을 따르는 이유도 결국은 그 뒤에 있는 신뢰가 있기 때문이다. 신뢰가 없다면, 명령을 따르는 것이 불편하거나 심지어 불합리하게 느껴질 수 있다. 그렇다면, 신뢰는 왜 이렇게 중요한가? 왜 우리는 신뢰에 기반해 명령을 따르며, 신뢰가 없는 상황에서는 반발하거나 의문을 제기하게 되는 걸까?

신뢰는 권위와 규범이 작동하는 데 핵심적인 역할을 한다. 상사가 "이 일을 해라"라고 명령할 때, 직원은 그 상사가 공정하게 일을 분배하고, 자신이 맡은 일을 할 수 있는 능력을 가지고 있다는 신뢰가 있을 때 그 지시를 따른다. 만약 상사가 능력이 부족하거나 공정하지 않다고 느껴지면, 직원은 그 명령을 따르지 않거나 반발할 가능성이 크다. 이런 신뢰는 단순히 상사의 권위에 대한 복종이 아니라, 상사가 자신에게 주는 지시가 올바르고, 공정하게 실행될 것이라는 기대에 기반을 둔다.

같은 방식으로, 사회가 규정한 법을 따르는 이유도 마찬가지다. 우리가 교차로에서 신호등을 보고 멈추는 이유는, 신호등이 안전을 보장해 줄 것이라는 신뢰 때문이다. 만약 신호등이 고장 나거나 교차로에 다른 차량이 너무 많아서 교통 체계가 무너지게 된다면, 우리는 더 이상 신호등을 신뢰할 수 없게 된다. 신뢰가 깨지면 질서가 흐트러지고, 사람들이 각자의 판단에 의존하게 되어 사회적 혼란이 일어날 수 있다. 이처럼, 법이나 규범이 우리의 행동을 지배할 수 있는 이유는 그들에 대한 신뢰가 있기 때문이다. 법이 정의롭고 공정하게 적용될 것이라는 믿음이 있기 때문에, 우리는 법을 따르게 된다.

신뢰가 중요한 이유는, 그것이 사람들이 서로 협력하고 질서를 유지하게 만드는 원동력이 되기 때문이다. 사회는 각자의 역할과 규칙을 통해 운영된다. 각자의 역할이 원활하게 작동하려면, 우리는 그 역할을 맡은 사람들에 대한 신뢰를 기반으로 상호작용해야 한다. 예를 들어, 경찰이 범죄자를 잡는 임무를 수행할 때, 시민들은 경찰의 결정을 신뢰하고 그들의 지시에 따르게 된다. 만약 경찰의 신뢰가 손상된다면, 시민들은 경찰의 지시에 따르지 않을 가능성이 커지고, 이는 사회적 혼란으로 이어질 수 있다.

그렇다면 신뢰가 깨질 때 무엇이 일어날까? 신뢰가 깨지면 사람들은 반발하게 된다. 과거에는 권위에 의문을 제기하기보다는 순응하는 경향이 많았다. 그러나 오늘날 사회는 과거와는 달리 권위에 대한 비판적 시각이 증가했다. 사람들은 이제 명령을 따르기 전에 그것이 정당한지, 합리적인지, 공정한지를 묻는다. 이러한 태도는 많은 사회적 변화를 촉발했다. 예를 들어, 시민권 운동이나 여성의 권리 운동, 환경 운동 등은 모두 기존의 권위가 불공정하거나 부당하다고 느껴졌기 때문에 일어난

일들이다. 사람들이 자신이 믿을 수 없는 권위나 규범에 순응하지 않으려 했기 때문이다.

하지만 신뢰가 깨졌다고 해서 무조건 모든 명령에 반발하는 것이 정당화되는 것은 아니다. 신뢰가 중요한 이유는, 올바른 방향으로 권위가 행사되어야 사회는 그 권위에 따라 행동하고 질서를 유지할 수 있기 때문이다. 중요한 것은 신뢰가 지속적으로 유지될 수 있는지이다. 권위나 규범이 신뢰를 기반으로 작동한다면, 사람들은 자발적으로 그것을 따르려 할 것이다. 반면, 신뢰가 사라지면, 명령은 더 이상 효과적인 도구가 될 수 없으며, 권위는 무력해지거나 사람들의 반발을 초래할 수 있다.

결국, 우리가 명령을 따르는 이유는 그 명령을 내려주는 권위가 신뢰를 바탕으로 한다는 것이다. 신뢰가 없다면, 그 권위는 단지 강요에 불과하고, 사람들은 그 명령을 따르지 않거나 의문을 제기하게 된다. 따라서 권위와 규범이 제대로 작동하려면, 그들이 신뢰를 얻을 수 있어야 한다. 신뢰는 단순히 사람들 사이의 감정적인 연결을 의미하는 것이 아니라, 공동체가 원활하게 작동할 수 있도록 만드는 근본적인 요소다.

왜 우리는 때때로 권위에 의문을 가질까?

우리는 왜 때때로 권위에 의문을 가질까? 직장에서 상사의 명령을 받거나, 사회적 규범을 따르거나, 심지어 정부의 법을 지킬 때, 그 명령이나 규범이 항상 옳다고 믿는 것은 아니다. 오히려 우리가 때때로 권위에 의문을 제기하는 이유는 그 권위가 공정하지 않거나, 합리적이지 않다고 느끼기 때문이다. 우리는 끊임없이 자신에게 주어진 권위가 '왜' 존재하는지, '어떻게' 작동하는지, 그리고 그것이 '정당한' 것인지 묻는다.

권위는 사회를 안정적으로 유지하는 중요한 요소이기도 하지만, 동시에 권위에 대한 의문은 사회적 변화와 발전을 이끌어내는 중요한 동력이기도 하다.

첫 번째 이유는 권위가 때때로 불합리하거나 부당하다고 느껴질 때이다. 권위는 인간 사회에서 질서와 안정성을 유지하는 중요한 역할을 한다. 그러나 그 권위가 불공정하거나 불합리하게 행사될 때, 사람들은 자연스럽게 의문을 품는다. 예를 들어, 직장에서 상사가 내려주는 지시가 비합리적이거나 불공정하게 느껴진다면, 그 명령을 따르기보다는 "왜 이런 방식으로 해야 하는가?"라고 묻게 된다. 정치적 권위도 마찬가지다. 법과 규칙이 특정 집단에 유리하게 적용되고, 다른 집단은 불이익을 당하는 상황에서 사람들은 "이 법이 정말 정의로운가?"라고 묻는다. 권위가 부당하다고 느껴질 때, 우리는 그에 대한 의문을 품게 되며, 때로는 그 권위에 도전하기도 한다.

두 번째 이유는 권위가 자기 이익을 추구할 때이다. 권위가 공정하고 정의롭게 행사되어야 한다는 기본적인 전제가 있다. 그러나 때때로 권력을 가진 자들이 그 권력을 개인적인 이익을 추구하는 데 사용한다고 느껴질 때, 우리는 그 권위에 의문을 제기하게 된다. 역사적으로 보면, 많은 독재자들이 권력을 남용하여 자신의 이익을 위해 국민을 억압하거나, 자원을 독점하기도 했다. 이런 사례는 권위에 대한 신뢰를 무너뜨리고, 사람들로 하여금 "이 권위는 정말 우리를 위한 것인가?"라는 질문을 던지게 만든다. 현대 사회에서도 정치인이나 기업의 리더들이 자기이익을 추구하는 행동을 할 때, 그들의 권위에 대한 의문은 더 커진다.

권위가 자기 이익을 위한 도구로 사용될 때, 그 권위는 더 이상 정당성을 가지지 못하게 된다.

세 번째 이유는 권위가 변화하는 사회적 가치와 충돌할 때이다. 사회는 시간이 지나면서 변화하고, 그 변화에 따라 새로운 가치관과 규범이 형성된다. 하지만 기존의 권위는 때때로 이러한 변화에 적응하지 못하고, 과거의 가치에 기반하여 작동할 때가 있다. 예를 들어, 여성의 권리나 인권 문제가 중요한 사회적 이슈가 되면서, 기존의 성차별적 규범이나 권위에 대한 비판이 일어났다. 사람들은 이제 더 이상 '기득권'이나 '기존 권위'를 무조건 따르지 않고, 그 권위가 시대에 맞는지, 공정한지, 합리적인지를 묻는다. 이러한 변화는 권위에 대한 의문을 불러일으키며, 사회적 변화를 이끌어낸다.

네 번째 이유는 권위가 불투명하거나 비밀스러울 때이다. 사람들이 권위에 의문을 품는 또 다른 중요한 이유는 그 권위가 어떻게 행사되는지에 대한 정보가 부족하거나 불투명할 때이다. 우리가 법을 따르고, 상사의 지시를 따르는 이유는 그것이 공정하고 투명하게 시행될 것이라고 믿기 때문이다. 하지만 권위가 비밀스럽게 운영되거나, 그 과정을 이해할 수 없을 때, 사람들은 그 권위에 대한 신뢰를 잃고 의문을 제기한다. 예를 들어, 정치적인 결정이나 경제적 정책이 어떻게 이루어지는지 명확하게 공개되지 않으면, 사람들은 그 결정이 왜 내려졌는지, 그리고 그것이 자신들에게 어떤 영향을 미칠지 의문을 품게 된다. 정보의 부족과 불투명성은 권위에 대한 의문을 증폭시킨다.

마지막으로, 권위가 단기적인 결과에만 집중하고, 장기적인 관점이 부족할 때도 의문이 생긴다. 때로는 권위가 특정한 목적을 달성하기 위해 빠른 결과를 추구할 수 있지만, 그 과정에서 사람들의 권리나 장기적인 이익을 무시하는 경우가 있다. 예를 들어, 기업이 단기적인 이익을 위해 환경을 파괴하거나, 정부가 급격한 경제 성장을 위해 사회적 불평등을 악화시키는 정책을 추진할 때, 사람들은 이러한 권위에 대한 의문을 품게 된다. 권위가 단기적인 목적을 달성하기 위해 무리하게 강요된다면, 사람들은 그것이 지속 가능한 방식으로 작동할지에 대한 의문을 가질 수밖에 없다.

결론적으로, 우리가 권위에 의문을 가질 때는 그 권위가 공정하고 합리적으로 작용하지 않거나, 자기 이익을 추구하거나, 사회적 변화와 맞지 않거나, 비밀스럽거나 불투명하게 행사될 때이다. 권위는 그 자체로 중요한 역할을 하지만, 그것이 올바르게 행사될 때만 신뢰를 받을 수 있다. 권위에 대한 의문은 단지 반항이나 불만의 표현이 아니라, 그 권위가 공정하고 정의롭게 작동하도록 만드는 중요한 촉진제 역할을 한다. 사회는 권위에 대한 끊임없는 질문과 비판을 통해 더 나은 방향으로 나아갈 수 있으며, 그 과정에서 권위는 더 정당하고 신뢰받는 존재로 자리 잡을 수 있다.

13

권위에 대한 회의와 불신: 정치적, 사회적 환경에서의 변화

정치적 권위에 대한 회의는 역사적으로 많은 변화를 일으켰다. 과거, 국가 권력은 절대적이었고, 국민들은 그 권위에 무조건적으로 복종해야 한다는 암묵적인 합의가 존재했다. 하지만 현대에 들어 정치적 환경은 급격히 변화했다. 민주주의가 확산되고, 시민 사회가 강화되면서, 권위에 대한 의문은 점점 더 자주 제기되기 시작했다. 이제 사람들은 정부가 제시하는 정책이나 법에 대해 무조건적인 신뢰를 보내지 않는다. 그 대신, "이 정책은 정말 우리에게 도움이 되는가?", "왜 이런 결정을 내렸는가?"라고 묻는다.

정치적 환경의 변화와 권위에 대한 회의

정치적 불신은 정부의 부패나 권력 남용으로 인해 더욱 심화된다. 예를 들어, 정치인들이 특정 집단을 대변하거나, 자신들의 이익을 추구하는 모습을 보일 때, 국민들은 그 권위에 대한 신뢰를 잃게 된다. 21세기들어, 수많은 정부의 비리나 정치적 스캔들이 공개되면서, 정치적 권위에 대한 불신은 더욱 깊어졌다. 정치인들이 선거를 통해 권력을 얻지만, 그 권력을 공공의 이익보다는 개인적인 목적을 위해 사용한다고 느낄 때, 사람들은 자연스럽게 그 권위에 의문을 제기하게 된다. 권위가 공정하고 정의롭게 행사되지 않는다면, 그 권위는 더 이상 신뢰를 얻기 어렵다.

사회적 환경의 변화와 권위에 대한 불신

사회적 환경에서 권위에 대한 불신도 마찬가지로 빠르게 확산되고 있다. 전통적으로, 사회적 규범이나 상속된 권위는 변하지 않는 절대적인 가치로 여겨졌다. 부모의 권위, 교사의 권위, 직장에서의 상사의 권위 모두 당연하게 받아들여졌다. 그러나 오늘날, 개인의 자유와 권리를 중시하는 가치가 커지면서, 사회적 권위에 대한 의문이 제기되고 있다. 사람들은 이제 자신에게 부여된 권위가 어떻게 행사되는지, 그리고 그 권위가 과연 합리적인지에 대해 더욱 민감하게 반응한다.

특히, 세대 간 갈등과 가치관의 차이가 권위에 대한 불신을 더욱 심화시키고 있다. 부모와 자식 간의 관계에서도, 부모의 권위가 절대적이고 무조건적으로 인정되지 않는 경우가 많다. "왜 부모님이 그렇게 말씀하시는 거죠?"라고 묻는 자녀들이 많아지면서, 부모는 무조건적으로 권위를 행사하기보다는 자녀와 대화하려고 한다. 이는 단순한 세대 차이 문제가 아니라, 권위에 대한 새로운 시각을 반영하는 변화다. 예전에는 부모의 말이 절대적인 법으로 받아들여졌지만, 이제는 부모와 자식 간의 상호 존중과 이해를 바탕으로 한 권위의 관계가 중요하게 여겨진다.

또한, 직장에서의 권위 역시 변화하고 있다. 과거에는 상사의 명령이 절대적이고 직원들은 이를 무조건 따라야 한다는 분위기가 지배적이었다. 그러나 요즘에는 직원들의 의견이 존중받고, 상사와의 관계에서도 상호 소통과 협력이 강조된다. 상사가 일방적으로 지시를 내리는 것보다는 직원들이 그 결정에 대해 논의하고, 의견을 반영할 수 있는 공간을 제공하는 것이 더 중요해졌다. 이는 권위가 일방적이고 독단적인 것이 아니라, 협력적이고 상호 존중적인 방식으로 행사되어야 한다는 새로운 사회적 요구를 반영한다.

권위에 대한 회의가 불러오는 변화

권위에 대한 회의와 불신은 단지 부정적인 결과를 초래하는 것만은 아니다. 실제로, 권위에 대한 회의는 사회적 변화의 중요한 촉매제가 될 수 있다. 많은 사회적 운동이 바로 권위에 대한 의문에서 비롯되었기 때문이다. 예를 들어, 20세기 중반의 시민권 운동, 여성 운동, 환경 운동 등은 기존의 사회적 규범과 권위에 대한 비판에서 시작되었다. 이들은 기존 권위가 불평등하거나 부조리하다는 점을 지적하며, 그 권위의 합리성에 대해 질문을 던졌다. 권위에 대한 불신은 결국 사회적 불평등을 해결하고, 새로운 사회적 기준을 세우는 데 중요한 역할을 했다.

특히, 현대 사회에서는 디지털 환경의 변화도 권위에 대한 회의를 부추기고 있다. 정보의 민주화가 이루어지면서, 사람들이 정보에 접근하고 자신의 의견을 표명할 수 있는 기회가 많아졌다. 인터넷과 소셜 미디어는 사람들이 정치적, 사회적 이슈에 대해 더욱 쉽게 의견을 나누고, 권위에 대해 논의할 수 있는 공간을 제공한다. 이러한 디지털 플랫폼은 기존의 권위 체계를 도전하고, 그 정당성과 합리성을 지속적으로 질문하게 만든다. 예를 들어, 소셜 미디어에서 벌어지는 #MeToo 운동이나 #BlackLivesMatter 운동은 기존 권위에 대한 비판과 불신이 만들어낸 사회적 변화의 대표적인 사례다.

권위에 대한 회의와 불신, 그 균형을 찾는 법

권위에 대한 회의와 불신은 더 이상 단지 반항이나 불만의 표시가 아니다. 오히려 그것은 사회적 진보와 변화의 중요한 원동력이다. 권위는 더 이상 절대적이고, 무조건 따라야 할 것이 아니라, 그 권위가 공정하고, 합리적이며, 사회적 이익을 위한 것인지를 지속적으로 평가받아야 한다. 정치적, 사회적 환경의 변화는 우리가 기존의 권위에 대해 새로운 시각을 갖도록 만든다. 권위는 이제 단지 '따르라'고 말하는 것이 아니라, 그 권위가 어떻게 행사되고 있는지를 끊임없이 되묻게 만드는 역할을 한다. 우리는 권위에 대한 회의와 불신을 통해, 더 나은 사회를 만들어 나갈 수 있다. 그 과정에서 중요한 것은 권위가 변하지 않거나, 맹목적으로 따르는 것이 아니라, 그 권위가 항상 공정하고 정의로운지를 점검하고, 필요한 변화가 일어날 수 있도록 유도하는 것이다. 권위에 대한 의문은 단순히 비판에 그치지 않고, 사회를 더 나은 방향으로 이끌어가는 중요한 힘이 된다.

14

명령에 대한 복종을 넘어서: 개인의 자유와 선택

"나는 왜 따라야 하는가?"라는 질문은 단순히 개인적인 호기심이나 반항이 아니다. 이는 자기 결정권, 즉 개인이 자신의 삶을 스스로 선택하고 책임지는 권리를 의미한다. 근대 민주주의 사회에서는 이러한 자유를 가장 중요하게 여긴다. 개인은 자신의 신념에 따라 행동할 수 있어야 하고, 그 선택에 대해 책임을 져야 한다. 그러나 사회적 규범이나 법, 직장 내 상사의 명령 등이 개인의 선택을 제한하는 경우가 많다.

개인의 자유: 복종을 넘어서서

현대 사회에서는 '자유'가 단순히 제약 없는 상태를 의미하지 않는다. 개인의 자유는 타인의 자유와 공존할 수 있어야 하며, 사회적인 책임을 다하면서 이루어져야 한다. 예를 들어, 우리는 법을 따르고, 규칙을 지키며, 조직 내에서 역할을 수행한다. 하지만 동시에 개인은 자신의 가치와 신념에 따라 선택하고 행동할 수 있어야 한다. 그 선택은 때때로 권위나 명령과 충돌할 수 있으며, 그럴 때 우리는 복종을 넘어서서 '자유로운 선택'을 해야 한다.

선택의 자유와 책임: 자유는 언제나 책임을 동반한다

자유로운 선택이란, 단순히 내 마음대로 하는 것이 아니다. 선택에는 항상 책임이 따른다. 사람들은 종종 '자유'라는 말을 듣고 자신이 원하는 대로 하고 싶은 욕망을 느낄 수 있지만, 진정한 자유는 그 선택의 결과에 대한 책임을 지는 것이다. 예를 들어, 직장에서 상사의 지시를 따르는 것은 효율적인 업무 처리를 위한 한 방법이지만, 나의 개인적인 가치와 신념에 반하는 지시가 내려졌을 때, 나는 그 지시를 거부할 자유도 있어야 한다. 물론 그 거부가 초래할 결과에 대해서는 책임을 져야 할 것이다.

이와 같은 개인의 선택의 자유는 단지 권위에 대한 반항이 아니라, 각자가 자신의 삶에 대해 스스로 결정을 내리고, 그 결정에 대해 책임을 지는 과정이다. 복종을 넘어서서 자신이 진정 원하는 바를 선택할 때, 그 선택이 타인에게 미치는 영향을 고려하며, 그에 따른 결과를 수용하는 것이 바로 자유와 책임의 균형이다.

복종과 자유의 균형: 협력적 사회를 위한 길

그렇다면, 명령에 대한 복종과 개인의 자유는 어떻게 균형을 이룰 수 있을까? 답은 간단하다. 복종은 사회적 질서와 협력을 위해 필요하지만, 자유는 각 개인의 성장과 자율성을 위한 기본적인 조건이다. 중요한 것은, 권위가 정당하고 합리적일 때 우리는 그것에 복종할 수 있으며, 그 복종은 사회의 기능을 돕는다. 그러나 권위가 부당하거나 비합리적일 때는, 우리는 그 권위에 의문을 제기하고, 필요하다면 복종을 거부할 자유를 행사해야 한다.

이러한 균형을 찾기 위해서는 상호 존중이 바탕이 되어야 한다. 개인의 자유와 권리는 사회적 규범과 법에 의해 일정 부분 제한되지만, 그 제한이 불합리하지 않고, 각자의 선택을 존중하는 방식으로 이루어져야 한다. 복종을 넘어서서, 우리는 자유롭게 선택하고, 그 선택에 대한 책임을 지는 방법을 배워야 한다. 이는 단순한 반항이 아니라, 더 나은 사회를 위한 자기 결정권의 행사이기 때문이다.

복종을 넘어서, 자유롭게 선택하라

결국, 명령에 대한 복종을 넘어서서, 우리는 자신만의 길을 찾아가야 한다. 복종은 사회의 질서와 협력을 유지하는 데 필요하지만, 그 자체로 우리의 자유를 억제할 수 없다. 우리는 자유롭게 선택하고, 그 선택에 대한 책임을 지는 존재여야 한다. 사회적 규범과 법을 따르되, 동시에 자신의 내면의 가치와 신념을 따라 선택하는 자유를 잃지 않아야 한다. 그렇게 할 때, 개인은 진정으로 자유로운 존재가 될 수 있으며, 사회 또한 더 건강하고 공정한 방향으로 나아갈 수 있다.

15

복종 vs 자유:
선택의 문제

자유는 중요한 가치이며, 단순히 무엇이든 하고 싶은 대로 하는 것을 의미하지 않는다. 자유는 자신이 무엇을 원하는지, 무엇이 옳은지에 대한 고민을 바탕으로 한 자기 결정권의 행사이다. 우리가 복종해야 하는 이유가 "규칙을 지키는 것"이라면, 자유는 "자신의 신념과 가치에 따라 선택하는 것"이다.

자유의 중요성: 자기 결정권과 성장

자유는 우리가 스스로의 인생을 주도하고, 독립적인 개인으로서 성숙하는 데 필요한 요소다. 법이나 규칙이 항상 옳은 것은 아니다. 때때로 우리는 그 법이나 규칙이 불합리하거나, 시대에 뒤떨어졌다고 느낄 때가 있다. 그때 우리는 자유를 행사해 "나는 그것을 따르지 않겠다"는 선택을 해야 할 수도 있다. 예를 들어, 시민권 운동이나 여성 참정권 운동은 기존의 사회적 규범에 대한 저항에서 비롯되었으며, 이는 결국 사회를 더 나은 방향으로 변화시키는 계기가 되었다.

자유는 또한 우리가 독립적으로 사고하고, 창의적이고 혁신적인 선택을 할 수 있게 만든다. 직장에서 주어진 규칙에만 얽매이지 않고, 새로운 방법을 제시하며 문제를 해결할 때, 그 선택은 자유로움에서 비롯된다.

복종 vs 자유: 그 경계는 어디에 있을까?

복종과 자유는 때때로 충돌한다. 예를 들어, 직장에서 상사의 지시가 자신의 신념에 맞지 않거나 비윤리적이라고 생각될 때, 우리는 복종해야 할지 아니면 자유롭게 거부해야 할지 고민하게 된다. 법이 부당하다고 느낄 때, 우리는 법을 따를 것인가, 아니면 그 법을 위반하면서까지 자신의 신념을 지킬 것인가? 이때 우리는 '복종과 자유' 사이에서 끊임없이 선택을 해야 한다.

이 경계는 단순히 법이나 규범에 관한 문제가 아니라, 각자의 가치관과 도덕적 기준에 달려 있다. "내가 이 규칙을 따르는 것이 정말 옳은가?"라는 질문은 때때로 "단순히 복종할 것인가?"의 문제를 넘어서, 우리가 사회에서 어떻게 살고 싶은지에 대한 근본적인 물음이 된다. 때로는 규칙을 따르는 것이 공동체의 이익에 부합하는 경우도 있지만, 때로는 그 규칙이 부당하거나 불합리한 경우도 있다. 이럴 때, 우리는 복종이 아닌 자유로운 선택을 통해 변화를 일으킬 수 있다.

복종과 자유의 균형: 상호 존중의 필요성

사회는 본질적으로 질서와 협력을 요구하며, 이를 위해 어느 정도의 복종이 필요하다. 그러나 이 복종은 무조건적이어서는 안 된다. 자유는 우리가 복종이 정당한지, 아니면 비합리적인지를 스스로 판단할 수 있게 해 준다. 개인의 자유가 존중될 때, 사회는 더욱 건강하고 창의적인 방향으로 나아갈 수 있다. 복종이 필요한 순간이 있다면, 그것은 공동체의 이익과 공정성을 위해서여야 한다. 반면, 자유를 행사할 때는 그 선택이 타인에게 미치는 영향을 충분히 고려해야 한다.

직장에서 상사의 지시를 따를 때, 그것이 조직의 발전을 위한 것이라면 복종은 합리적일 수 있다. 그러나 그 지시가 불공정하거나 개인의 가치와 맞지 않는다면, 우리는 그 지시를 거부할 자유를 행사할 수 있어야 한다. 이처럼 복종과 자유는 상호 존중을 바탕으로 균형을 이루어야 하며, 이는 각자의 권리와 공동체의 이익을 조화롭게 만드는 중요한 원칙이다.

선택의 문제: 균형을 맞추기

복종과 자유는 궁극적으로 '선택'의 문제이다. 우리는 매 순간 복종해야 할 때와 자유롭게 선택해야 할 때를 구별하고, 그 선택이 사회와 개인에게 미칠 영향을 깊이 고민해야 한다. 복종은 사회적 안정과 협력을 위해 필요하지만, 자유는 개인의 성장과 사회 발전을 위해 반드시 필요하다. 이 두 가지는 결코 대립하지 않는다. 오히려 사회와 개인의 균형을 맞추는 중요한 열쇠가 된다.

우리는 복종을 넘어서, 자유로운 선택을 할 수 있는 능력을 키워야 한다. 그리고 그 선택은 단순히 개인의 이익을 넘어, 더 나은 사회와 공동체를 위한 것이어야 한다. 복종과 자유를 넘나드는 이 선택의 순간에 우리는 우리가 진정으로 원하는 것이 무엇인지, 그리고 그 선택이 사회에 어떤 영향을 미칠지 깊이 생각하며 살아가야 한다.

16

권위에 저항하는 법: 비폭력적 저항과 자유

비폭력적 저항은 반드시 시위나 대규모 운동의 형태로만 나타나는 것이 아니다. 우리가 일상에서 겪는 많은 상황에서 비폭력적 저항은 다양한 형태로 나타날 수 있다.

가장 기본적인 형태는 불복종이다. 이는 우리가 불합리하거나 부당한 법이나 명령에 대해 의도적으로 따르지 않는 방식이다. 하지만 중요한 점은 이 불복종이 타인을 해치지 않고, 그 목적이 사회적 변화를 이끄는 것임을 분명히 해야 한다는 것이다. 공공장소에서의 차별적 행위나 불합리한 정책에 대해 사람들이 평화롭게 거부하는 방식은 매우 효과적인 비폭력적 저항이 될 수 있다.

비폭력적 저항의 방법

대화와 토론을 통한 저항도 중요한 방식이다. 상사나 정부 당국자와의 논리적인 대화를 통해 권위에 의문을 제기하고, 그들의 결정을 수정하도록 이끌 수 있다. 비폭력적 저항은 단순히 '반대'하는 것이 아니라, 대화와 논리적 근거를 통해 상대방을 설득하고, 그들의 시각을 변화시키려는 노력이다.

예술적 저항 또한 비폭력적 저항의 중요한 방식이다. 예술은 감정을 전달하고, 사람들에게 깊은 인상을 남길 수 있는 강력한 도구이다. 예술가들이 사회적 불평등과 부당한 권위에 대해 비판적 메시지를 담은 작품을 만들 때, 그것은 단순히 '저항'을 넘어서 사람들의 사고방식과 행동에 영향을 미칠 수 있다.

비폭력적 저항의 한계와 도전

하지만 비폭력적 저항도 그 한계가 있다. 때로는 권위가 너무 강고하거나, 사회적 분위기가 너무 억압적일 때, 비폭력적 저항만으로는 충분한 변화를 이끌어내기 어려울 수 있다. 특히, 권위가 폭력적으로 행동하거나, 비폭력적 저항의 메시지가 왜곡될 때, 저항은 더욱 어려워질 수 있다.

그럼에도 불구하고, 비폭력적 저항은 많은 경우 가장 지속 가능하고, 사회적으로도 긍정적인 변화를 이끌어내는 방식이다. 그것은 사람들의 인식 변화를 촉진시키고, 폭력적인 갈등을 피하면서도 중요한 사회적 문제를 해결할 수 있는 방법이다.

17

현대 사회에서
권위와 자유의 균형 찾기

현대 사회는 복잡한 네트워크로 얽혀 있고, 다양한 권위가 우리의 삶에 영향을 미친다. 정부의 법과 규제, 기업의 정책, 학교와 직장의 규칙까지, 권위는 우리가 사는 방식에 중요한 영향을 미친다. 그러나 이 권위는 단순히 질서와 안정을 유지하는 데 필요한 요소일까? 아니면, 우리가 지키는 자유와 개인적 권리를 제한하는 부정적인 존재일까? 현대 사회에서 권위와 자유의 균형을 찾는 것은 점점 더 중요한 문제로 떠오르고 있다. 그 이유는, 권위가 강해지면 개인의 자유는 제한될 위험이 크고, 반대로 지나치게 자유로운 사회는 질서가 무너질 수 있기 때문이다.

권위의 역할: 질서와 안정

권위는 우리가 살아가는 사회를 조직화하는 데 중요한 역할을 한다. 법률과 같은 규범은 사회가 효율적으로 기능하도록 돕고, 질서 있는 공동체를 유지하는 데 필요하다. 도로에서 교차로 신호를 따르는 것은 단순히 법을 지키는 것 이상의 의미를 가진다. 그것은 자신과 타인의 안전을 지키는 방식이며, 공동체의 일원으로서 서로를 존중하고 보호하는 행동이다.

또한, 권위는 사회적 합의를 이끌어내고, 공동체 내에서 각자의 역할을 명확히 하며, 집단적 목표를 달성하는 데 기여한다. 직장에서 상사의 지시를 따르는 것도 조직 내 효율성을 높이기 위한 하나의 방법이다. 규칙과 질서는 우리가 무질서하게 행동하지 않도록 가이드라인을 제공하며, 개인의 행동이 타인에게 미치는 영향을 최소화한다.

자유의 중요성: 개인의 권리와 자율성

그러나 현대 사회에서 자유 역시 중요한 가치를 지닌다. 자유는 단순히 내가 하고 싶은 일을 할 수 있다는 의미를 넘어, 자신의 삶을 스스로 결정하고, 자율적으로 행동할 수 있는 권리를 포함한다. 이러한 자유는 개인의 창의성을 촉진하고, 사회 내 다양성을 인정하며, 각자가 자신만의 삶을 설계할 수 있게 한다.

표현의 자유는 민주사회에서 핵심적인 권리이다. 사람들은 자신의 의견을 자유롭게 표현하고, 다양한 가치관을 받아들일 수 있어야 한다. 이처럼 자유는 사회를 더 풍부하고 다채롭게 만들며, 개인의 존엄성을 보호하는 역할을 한다. 그런데 만약 자유가 지나치게 강조되어 권위가 약화된다면, 사회는 무질서와 혼란에 빠질 위험이 있다. 자유가 너무 확대되면, 타인의 자유를 침해할 수 있는 상황도 발생할 수 있기 때문이다.

현대 사회에서 권위와 자유의 균형을 이루는 방법

자율적 권위의 수용 권위가 반드시 강압적일 필요는 없다. 자율적 권위는 개인의 자유를 존중하면서도 공동체의 이익을 지킬 수 있는 방식이다. 직장에서 상사의 명령에 무조건 복종하기보다는, 상사와의 열린 소통을 통해 서로의 의견을 조율하는 방식이 더 효과적일 수 있다. 이렇게 자율적인 권위는 개인의 자율성을 침해하지 않으면서도 사회적 질서를 유지할 수 있게 한다.

합리적 규제와 자유의 보장 법과 규제는 개인의 자유를 제한하는 도구가 될 수 있지만, 동시에 자유를 보장하는 역할을 할 수 있다. 환경 보호법이나 공공 안전을 위한 규제는 개인의 자유를 일시적으로 제한할 수 있지만, 이는 모두 사회의 안전과 지속 가능성을 지키기 위한 것이다. 중요한 것은 이러한 규제가 불필요한 억압이 되지 않도록 합리적인 기준을 마련하는 것이다. 규제의 목적이 공동체의 이익을 위해 존재한다면, 사람들은 이를 수용할 수 있을 것이다.

18

새로운 시대의
명령과 복종

디지털 기술과 글로벌화가 급격하게 변화시킨 현대 사회에서, '명령'과 '복종'의 개념은 이전과는 다른 양상으로 진화하고 있다. 전통적으로 명령과 복종은 상하 관계에 기반한 구조적 사고에 뿌리를 두고 있었다. 예를 들어, 직장에서 상사는 부하 직원에게 업무를 지시하고, 정부는 시민들에게 법을 제정해 준수하도록 요구한다. 그러나 디지털 혁명과 같은 거대한 변화는 이 전통적인 명령과 복종의 관계를 재정의하고 있다. 이제 우리는 전통적인 권위와 복종의 개념을 넘어서, 새로운 시대의 명령과 복종을 이해해야 할 시점에 다다랐다.

디지털 시대의 명령과 복종: 정보의 흐름과 권위

디지털 기술의 발전은 명령과 복종의 관계를 급격하게 변화시켰다. 스마트폰, 소셜 미디어, 그리고 인터넷의 확산은 전 세계적으로 정보의 흐름을 완전히 재구성하였다. 이제 명령과 정보는 전통적인 권위 구조에서 벗어나, 상호 연결된 네트워크와 플랫폼을 통해 빠르고 자유롭게 전달된다. 사람들은 이제 지시를 받는 것뿐만 아니라, 스스로 정보를 발신하고, 다른 사람들에게 영향을 미칠 수 있는 능력을 갖추게 되었다.

과거에는 상사가 직원에게 명령을 내리는 것이 표준이었다면, 이제는 직원들이 상사에게 자신의 의견을 공개적으로 표현하거나, 업무 프로세스 개선을 위한 피드백을 제공하는 일이 일반적이다. 또한, SNS와 같은 플랫폼을 통해 누구나 사회적 이슈에 대해 발언하고, 그에 대한 반응을 실시간으로 받을 수 있게 되었다. 이로 인해 전통적인 권위자들이 명령을 내리는 구조에서 벗어나, 보다 평등하고 개방적인 형태로 권위가 분산되고, 복종의 개념도 '자율적인 참여'와 '협력'의 형태로 변모했다.

그러나 이러한 변화는 긍정적인 측면만 있는 것은 아니다. 디지털 기술의 발전이 개인의 자유와 정보 접근성을 높인 동시에, 정보의 범람과 혼란을 초래하기도 했다. '가짜 뉴스'나 잘못된 정보들이 빠르게 확산되고, 사회적 갈등을 심화시키는 경우도 많다. 이처럼 정보가 넘쳐나는 시대에서 우리는 '누구의 명령을 따를 것인가?'라는 질문에 직면하게 된다. 명령을 내리는 사람은 이제 단순한 권위자가 아니라, 그 정보를 어떻게 필터링하고, 정확하게 전달할 것인지에 대한 책임을 져야 한다.

글로벌화와 명령의 복잡성

세계는 이제 더 이상 고립된 국가나 사회 단위로 존재하지 않는다. 글로벌화는 국가 간, 문화 간의 경계를 허물고, 명령과 복종의 관계를 더욱 복잡하게 만들었다. 다국적 기업에서 일하는 직원은 단지 한 국가의 법과 규범을 따르는 것만으로는 부족하다. 그들은 여러 국가의 규제를 동시에 고려해야 하며, 기업의 글로벌 전략과 방향에 맞춰 협력해야 한다. 글로벌 기업들이 국가의 경계를 넘어서 활동하는 시대에서, 명령과 복종의 경계는 더욱 모호해졌다. 직원들은 각국의 법적 요구 사항뿐만 아니라, 회사의 글로벌 목표와 방향에 맞춰 자신의 업무를 수행해야 한다. 이러한 환경에서는 단순히 '상사의 명령'을 따르는 것이 아니라, '글로벌한 가치'나 '공동체적 목표'를 이해하고, 그에 따른 행동을 해야 하는 상황이 많아진다. 글로벌 시대의 복종은 이제 지역적이고 개인적인 차원을 넘어서, 보다 넓은 사회적, 경제적 맥락에서 그 의미를 찾아야 한다.

변화하는 직장 내 권위와 복종

오늘날 직장 내 권위와 복종의 관계도 변화하고 있다. 전통적으로 상사는 권위자로서 명령을 내리고, 직원들은 그 명령을 따르는 역할을 했다. 그러나 이제는 '평등'과 '자율성'을 강조하는 기업 문화가 확산되고 있다. 유연근무제, 원격 근무, 팀 중심의 협업 등 다양한 형태로 권위는 더 이상 강압적인 형태로 행사되지 않는다. 대신, 상사는 자신의 경험과 지식을 바탕으로 팀을 이끌고, 직원들은 자신의 의견을 제시하며, 서로 협력하는 방식으로 일하는 경우가 많아졌다. 이러한 변화는 직장 내에서 복종의 개념을 변화시켰다. 더 이상 직원이 상사의 명령을 무조건 따르는 것이 아니라, 서로의 의견을 교환하고, 최적의 결정을 내려 나가는 협력적인 관계로 발전하고 있다. 이런 방식의 변화는 단순히 명령을 따르는 것이 아니라, 명령을 '함께 만드는' 과정으로 이어진다. 복종이 강요되는 것이 아니라, 상호 존중과 협력이 중심이 되는 것이다.

새로운 시대의 명령과 복종: 책임과 선택

새로운 시대의 명령과 복종은 단지 권위자와 복종자의 관계를 넘어선다. 오늘날 사람들은 더 이상 일방적인 명령을 받기만 하는 존재가 아니다. 우리는 정보를 공유하고, 의견을 나누며, 공동체의 일원으로서 다양한 선택을 할 수 있는 능력을 갖추고 있다. 그러므로 명령을 내리는 사람도, 복종을 요구하는 사람도 그 책임이 막중하다.

명령을 내리는 사람은 더 이상 단순히 '명령을 내리는 권위자'에 그치지 않는다. 그들은 정보를 제공하고, 사람들의 자율적인 참여를 촉진하며, 그 과정에서 발생할 수 있는 부작용이나 결과를 책임져야 한다. 복종을 요구하는 사람은 그 명령이 과연 윤리적이고 합리적인지를 지속적으로 점검해야 하며, 그 명령이 공동체의 이익을 위한 것인지, 아니면 특정한 집단이나 이익을 위한 것인지 분별할 수 있어야 한다.

또한 복종하는 사람도 이제 단순히 명령에 따르는 것이 아니라, 그 명령이 합리적이고 정당한지를 스스로 판단하고, 필요한 경우 그 명령에 대해 질문하고, 건설적인 피드백을 줄 수 있는 책임을 지닌다. 새로운 시대의 복종은 더 이상 무조건적인 순응이 아니라, 주체적이고 비판적인 참여를 요구하는 과정이다.

명령과 복종의 새로운 균형

새로운 시대에서 명령과 복종의 관계는 단순히 상하 관계에 국한되지 않는다. 디지털화, 글로벌화, 그리고 직장 내 권위의 변화 등은 명령과 복종을 더욱 복잡하고 다층적인 관계로 변모시켰다. 이러한 변화 속에서, 우리는 명령을 내리는 사람과 복종을 요구하는 사람의 책임을 인식하고, 명령을 따르는 사람도 주체적인 판단과 행동을 할 수 있는 역량을 갖추어야 한다. 명령과 복종의 경계는 이제 단순히 권위와 순응의 관계를 넘어서, 사회적 책임과 개인적 선택이 교차하는 지점에서 더욱 명확하게 드러나고 있다.

디지털 시대의 복종: AI와 기계의 명령

우리는 이제 인간의 삶에서 인공지능(AI)과 기계가 점차 중요한 역할을 하게 되는 시대에 살고 있다. 스마트폰, 자율주행차, 인공지능 비서, 심지어는 AI가 인간의 직무를 대신하는 상황까지, 기계와 알고리즘은 우리의 일상에 깊숙이 들어와 있다. 이로 인해, 전통적인 의미에서의 '명령'과 '복종'의 개념도 변화를 맞이하고 있다. 과연 우리는 이제 기계나 AI의 명령에 복종하는 존재가 되어버린 걸까? 그리고 그 복종의 책임은 누구에게 있을까?

AI, 기계, 그리고 인간: 새로운 권위의 등장

디지털 시대가 열리면서, 우리는 점점 더 많은 결정을 기계나 알고리즘에 맡기고 있다. 예를 들어, 자율주행차가 도로에서 운전 결정을 내리거나, AI 기반의 추천 시스템이 우리가 무엇을 보고, 무엇을 먹고, 무엇을 구매할지 제안한다. 우리가 생각하는 것보다 기계는 훨씬 더 많은 분야에서 우리의 삶에 영향을 미치고 있으며, 그 영향력은 날로 확대되고 있다. 하지만 이 과정에서 중요한 질문이 생긴다. 우리는 기계나 AI의 명령에 얼마나 복종해야 하는가? 기계나 AI가 내리는 명령은 과연 항상 옳은가?

전통적으로 명령과 복종의 관계는 인간과 인간 사이에서 발생했다. 상사가 부하 직원에게 업무를 지시하고, 정부가 시민에게 법을 제정해 명령을 내리는 방식이었다. 그러나 디지털 시대에서는 이러한 관계가 기계와 인간 사이로 확장되었다. 이제 인간은 AI와 기계의 지시에 복종하는 존재가 된 것이다. 예를 들어, 스마트폰의 알림이나 AI가 제시하는 작업 스케줄을 우리는 따르게 된다. 이러한 변화는 인간이 기계에 의존하게 되면서, '복종'이라는 개념을 재정의하고 있다.

기계 명령에 대한 복종의 문제

기계나 AI의 명령에 복종하는 것은 단순한 순응을 넘어서, 때로는 중요한 윤리적 문제를 동반한다. AI와 알고리즘은 인간보다 빠르고, 정확하게 데이터를 처리할 수 있지만, 그들은 감정이나 도덕적 판단을 내릴 수 없다. AI는 그저 주어진 데이터를 바탕으로 최적화된 결과를 도출할 뿐이다. 그렇다면, AI가 제시하는 해결책이 항상 인간의 윤리적 기준에 부합할까?

예를 들어, 자율주행차가 도로에서 사고를 피하기 위해 사람을 칠 때, '어떤 사람을 선택할 것인가'라는 도덕적 딜레마에 직면할 수 있다. AI는 주어진 데이터와 알고리즘을 바탕으로 결정을 내리겠지만, 그 선택이 인간의 도덕적 가치나 윤리적 판단과 충돌할 수 있다. 이러한 상황에서 우리는 AI의 결정을 그대로 따를 수 있을까? 아니면, AI가 제시한 결정을 비판하고 인간의 가치에 맞게 수정해야 할까?

AI와 기계가 내리는 명령은 매우 합리적이고 효율적일 수 있지만, 그 결정이 인간의 복잡한 감정, 도덕적 가치, 그리고 사회적 맥락을 고려하지 않는다는 점에서 문제가 발생할 수 있다. 이는 우리가 기계의 명령을 그대로 따르는 것에 대한 경계가 필요함을 시사한다.

AI와 기계가 내린 결정의 책임은 누구에게 있을까?

AI와 기계의 명령에 복종하는 데 따른 또 다른 중요한 문제는 바로 책임의 문제다. 전통적으로, 명령을 내리는 사람은 그 명령에 따른 결과에 대한 책임을 지게 된다. 상사가 부하에게 명령을 내리고, 그 명령에 따른 결과가 잘못되었을 때, 상사는 책임을 지게 된다. 하지만 기계나 AI가 내리는 명령에 대해서는 누구에게 책임을 물을 수 있을까?

AI 시스템은 자율적으로 작동하지만, 그 설계와 운용은 결국 인간의 손에 달려 있다. AI가 잘못된 결정을 내린다면, 그 책임은 AI를 만든 사람이나 시스템을 운영한 기관에 있을 수 있다. 그러나 이 과정에서 우리는 'AI가 잘못했다'라고만 말할 수 있을 뿐, 구체적인 책임의 주체를 명확히 하기 어려운 상황에 직면한다. 기술이 발전할수록 인간의 책임이 모호해지고, 그에 따른 윤리적, 법적 문제가 커질 것이다.

기계와 인간의 상호작용: 협력적 복종의 가능성

디지털 시대의 복종은 단순히 명령을 따르는 것을 넘어서, 인간과 기계가 협력하는 방식으로 변화하고 있다. AI는 인간의 결정을 돕는 도구로서의 역할을 한다. 자율주행차는 운전자의 안전을 보장하고, AI는 의사들이 질병을 진단하는 데 도움을 준다. 인간은 기계의 도움을 받아 더 나은 결정을 내리고, 기계는 인간의 지침에 따라 그 결정을 최적화한다.

이러한 협력적 관계에서는 복종이 단순히 명령을 따르는 것만은 아니다. AI와 인간은 서로의 능력을 보완하는 방식으로 상호작용한다. AI는 대량의 데이터를 분석하고, 인간은 그 분석 결과를 바탕으로 윤리적이고 사회적인 결정을 내린다. 이 과정에서 인간은 기계의 명령에 복종하는 것이 아니라, 기계와 협력하여 더 나은 결정을 내린다고 볼 수 있다. 이는 복종의 개념을 더 이상 수동적인 행동으로 한정 짓지 않고, 능동적이고 상호작용적인 관계로 확장시키는 것이다.

새로운 복종의 시대, 우리가 선택해야 할 자세

디지털 시대에 접어들면서 명령과 복종의 관계는 새로운 차원을 맞이하고 있다. 기계와 AI는 우리가 일상적으로 내리는 결정을 지원하거나 대신해 주지만, 그 명령을 따르는 데에는 새로운 윤리적, 사회적 책임이 따른다. 기계와 AI는 인간보다 더 빠르고 정확하게 일을 처리할 수 있지만, 인간의 감정, 도덕적 판단, 그리고 복잡한 사회적 맥락을 고려하지 않는다는 점에서 한계가 있다. 따라서 우리는 기계의 명령에 복종할 때, 그 명령이 윤리적으로 적합한지, 사회적으로 정당한지 비판적으로 사고해야 한다. 또한, AI와 기계의 결정에 따른 책임을 명확히 하고, 그것이 우리 인간 사회의 가치와 일치하는지를 점검하는 자세가 필요하다. 디지털 시대의 복종은 단순한 순응이 아니라, 기계와의 협력을 통해 보다 나은 사회를 만들어 가는 과정이 되어야 한다.

권위의 탈중앙화

과거의 권위는 주로 상명하달식의 위계적 구조에 기반을 두고 있었다. 전통적인 기업이나 국가에서의 리더는 명확한 권한을 가지고 있으면, 그 권위를 통해 명령을 내리고 복종을 요구할 수 있었다. 그러나 디지털화와 정보의 급속한 확산은 이러한 전통적인 권위 구조를 크게 변화시켰다.

인터넷과 소셜 미디어는 이제 정보를 빠르고 민주적으로 확산시킬 수 있는 플랫폼을 제공한다. 구글, 아마존, 페이스북과 같은 글로벌 기업은 수많은 직원들에게 명령을 내리는 대신, 자율적인 협업을 통해 성과를 창출한다. 또한, 개인은 이제 기업의 상위층이 아니라도 인터넷을 통해 자신의 목소리를 세계에 전달할 수 있는 기회를 가지게 되었다. '인플루언서'라는 직업은 그 대표적인 사례다. 이들은 특별한 공식적인 권위 없이도, 팔로워들에게 영향력을 미칠 수 있다. 글로벌 사회에서 권위는 더 이상 중앙집중적인 방식으로 형성되지 않으며, 권위의 중심은 점점 분산되고 있다.

리더십의 변화: 협력적이고 다층적인 모델

오늘날의 리더십은 전통적인 명령과 통제의 방식에서 벗어나, 협력적이고 참여적인 모델로 변화하고 있다. 이는 글로벌 사회의 복잡성과 빠르게 변화하는 환경에서 더 중요한 가치가 되었다. 글로벌 기업들은 이제 유연하고 자율적인 팀 구조를 채택하며, 리더는 위에서 지시하는 권위적인 존재보다는 팀을 이끄는 방향 제시자로서의 역할을 한다. 특히, 다양한 문화와 배경을 가진 인재들이 모여 있는 글로벌 환경에서는 리더가 직원들의 의견을 경청하고, 다양한 아이디어를 수용하는 능력이 필수적이다.

하버드 비즈니스 리뷰에 따르면, 현대의 효과적인 리더는 '시작을 알리는 자'이자, 조직의 목표와 방향을 설정하는 동시에 팀원들이 자발적으로 참여하고 협력할 수 있도록 분위기를 조성하는 사람이다. 즉, 리더는 팀원들에게 지시를 내리는 사람이 아니라, 그들이 주도적으로 성과를 이루어낼 수 있도록 지원하는 역할을 한다. 이러한 리더십은 권위를 강제로 행사하는 것이 아니라, 팀원들의 자율성과 창의성을 존중하는 데 중점을 둔다.

19

글로벌 사회에서의
권위와 리더십

글로벌 사회에서 권위와 리더십이 작동하는 방식은 점점 더 윤리적인 차원을 요구하고 있다. 특히, 기업의 사회적 책임(CSR)과 지속 가능성에 대한 관심이 높아지면서, 기업의 리더는 이제 사회적, 환경적 책임을 다하는 존재로 자리매김하고 있다. 이는 단지 이윤 추구를 넘어서, 더 넓은 사회적 가치와 윤리를 고려한 리더십이 필요하다는 의미다.

윤리적 리더십의 중요성

예를 들어, 테슬라의 일론 머스크는 혁신적인 비즈니스 리더로 잘 알려져 있지만, 그가 이끄는 테슬라는 환경 보호와 지속 가능성을 핵심 가치로 삼고 있다. 또한, 글로벌 기업들이 공급망에서의 노동 착취, 환경 오염 등을 문제 삼고, 이를 개선하기 위한 노력을 기울여야 한다는 목소리가 커지고 있다. 기업의 리더는 단지 주주들의 이익을 극대화하는 것을 넘어서, 사회와 환경에 긍정적인 영향을 미치는 결정을 내려야 한다. 그렇기 때문에 오늘날의 리더십은 그 자체로 윤리적인 성격을 띠며, 권위는 단순히 직책이나 지위에서 오는 것이 아니라, 도덕적 정당성에서 비롯된다고 할 수 있다.

글로벌 리더십과 다문화적 이해

글로벌 사회에서는 다양한 문화적 배경을 가진 사람들과 협력하는 능력이 필수적이다. 리더는 문화적 차이를 이해하고, 이를 관리하는 능력을 가져야 한다. 미국, 유럽, 아시아 등 다양한 국가에서 온 사람들이 모인 글로벌 기업에서는 문화적 다양성에 대한 존중과 이를 바탕으로 한 팀워크가 성공적인 리더십의 핵심이다.

이와 관련해, 글로벌 리더십 이론에서는 문화적 지능(CQ, Cultural Intelligence)이 강조된다. 문화적 지능은 다양한 문화적 배경을 가진 사람들과 효과적으로 소통하고, 협력할 수 있는 능력을 의미한다. 이는 단순히 언어적 차이를 넘어서, 사람들의 가치관, 행동 양식, 그리고 의사소통 스타일에 대한 이해를 필요로 한다. 글로벌 사회에서 리더는 각기 다른 문화적 특성을 가진 팀원들을 이끌기 위해, 그들의 차이를 인정하고 이를 조직의 강점으로 전환하는 능력이 필요하다.

권위의 도전과 혁신

하지만 글로벌 사회에서 권위와 리더십이 항상 긍정적인 결과를 가져오는 것은 아니다. 권위가 남용되거나, 리더가 독선적으로 행동할 때, 이는 조직 내 불만과 갈등을 초래할 수 있다. 특히, 정보의 자유로운 흐름과 대중의 비판적 사고가 중요한 글로벌 사회에서는 권위에 대한 도전도 끊임없이 일어나고 있다. 오늘날의 조직과 사회는 이전보다 훨씬 더 투명하고 민주적인 성향을 띠며, 리더와 권위는 이제 시민들, 직원들, 소비자들의 지속적인 검증을 받게 된다.

특히, 사회적 변화가 빠른 현대에서는 권위와 리더십이 고정된 개념이 아니라, 변화하는 사회적 요구에 맞춰 끊임없이 진화해야 한다. 혁신적이고 포용적인 리더십은 권위를 남용하지 않고, 지속 가능한 방식으로 조직을 이끌어 나가는 데 중요한 역할을 한다.

20

미래의 복종:
인간, 기계, 그리고 사회의 관계

기계와 AI가 우리 생활에 점점 더 깊숙이 침투하면서, 과거에는 상상할 수 없었던 질문들이 현실이 되고 있다. 자동차가 스스로 주행을 하고, 공장이 자동화되어 사람이 거의 필요 없는 시스템이 구축되는 시대가 이미 다가왔다. 이러한 변화가 의미하는 것은, 기계가 인간의 행동을 조정하거나, 인간에게 명령을 내리는 순간이 점점 더 자주 올 것이라는 점이다.

기계가 내리는 명령, 인간은 어떻게 반응할까?

예를 들어, 자율주행차가 우리의 이동을 담당하게 된다면, 차는 우리에게 "좌회전하십시오", "속도를 줄이세요"와 같은 명령을 내리게 될 것이다. 물론 이는 우리가 원할 때까지 차가 명령을 따르도록 할 수 있지만, 문제는 그 명령이 얼마나 합리적인가에 있다. 만약 자율주행차가 사고를 예방하기 위해 "과속을 하지 말라"라고 명령한다면, 우리는 이를 단순한 기계적인 지시로 받아들일 것인가, 아니면 기계가 내리는 명령에 복종해야 하는 윤리적 책임을 느낄 것인가?

기계가 내리는 명령에 복종하는 것은 단지 '기계적인' 행동에 그치지 않는다. 기계가 인간을 통제하는 방식은 윤리적, 사회적 논쟁을 불러일으킬 수 있다. 인공지능이 특정한 방식으로 데이터를 처리하고 판단을 내리면, 그 판단을 사람들은 어떻게 받아들일 것인가? 기계가 내리는 명령이 인간의 가치나 윤리와 충돌할 때, 우리는 그 명령에 얼마나 복종해야 할까? 이와 같은 질문들은 미래 사회에서 더 빈번하게 제기될 것이다.

인간의 복종, 기계의 명령: 윤리적 딜레마

미래의 복종이 단지 기술적인 문제로 끝나지 않는 이유는 윤리적 문제와 맞물려 있기 때문이다. 예를 들어, 의료 분야에서 AI가 환자의 진단을 내린다고 가정해 보자. AI가 제시한 치료법을 인간 의사는 따르지 않으면 어떻게 될까? 만약 AI의 판단이 잘못되었다면, 그 책임은 누구에게 있는가? 의사는 기계의 판단에 복종해야 하는가, 아니면 사람의 직관과 경험을 우선시해야 할까?

이처럼 기계의 명령에 복종하는 것이 반드시 옳은가에 대한 윤리적 논의는 매우 복잡하다. AI와 기계는 인간의 행동을 최적화하고 효율성을 극대화하는 데 강점을 가지지만, 인간의 복잡한 감정, 상황적 판단, 그리고 도덕적 선택까지 반영하기에는 한계가 있다. 기계가 내리는 명령에 복종하는 것은 그 자체로 효율성을 높일 수 있지만, 그 명령이 인간의 정당한 자유와 선택을 제한하거나, 인간다움을 상실하게 만들 수 있다.

사회적 관계에서의 복종: 기술, 권위, 그리고 민주주의

미래 사회에서 기계가 내리는 명령과 복종의 문제는 개인적인 차원을 넘어 사회적 차원에서도 중요한 의미를 갖는다. 기술이 고도로 발전함에 따라, 정부나 기업은 점점 더 많은 결정을 자동화할 것이다. 정치적 결정에서부터 경제적 정책, 법적 판결에 이르기까지 AI가 판단을 내릴 가능성이 있다. 그렇다면, 우리는 기계가 내리는 결정에 얼마나 복종해야 할까?

현재 우리는 민주적 사회에서 살아가고 있다. 민주주의는 개개인의 자유와 권리를 존중하며, 권위와 권력을 분산시키는 체제이다. 그러나 기계가 점점 더 많은 결정을 내리게 될 경우, 이 권위는 어떻게 형성되고 분배될까? 기계나 AI는 민주적 절차를 거치지 않기 때문에, 그들이 내리는 결정은 '복종'의 대상이 되기에 앞서, 과연 그 결정이 합법적이고 정당한가에 대한 질문을 던져야 한다.

AI가 내리는 명령에 복종할 때, 그 명령의 배경에 있는 결정 과정과 권위가 정당 한 지에 대한 투명성과 설명이 중요하다. 기술의 발전이 인간의 자유를 억제하고, 불투명한 권위에 복종하게 만든다면, 그것은 사회적 불평등을 초래할 수 있다. 따라서 미래 사회에서 복종의 문제는 단지 개인의 선택에 그치지 않고, 사회적, 정치적 구조와 밀접한 관련이 있다.

복종의 새로운 형태: 협력과 상호작용

기계와 인간, 그리고 사회의 관계에서 중요한 점은 복종이 단지 일방적인 명령과 순응이 아니라, 협력적이고 상호작용적인 관계로 변화할 수 있다는 것이다. AI와 기계는 단순히 명령을 내리는 존재가 아니라, 인간과 협력하여 더 나은 결정을 내릴 수 있는 도구가 될 수 있다. 예를 들어, 의료 분야에서 AI는 환자의 상태를 분석하고, 가장 적합한 치료법을 제시할 수 있지만, 의사는 그 제안을 바탕으로 최종 결정을 내린다.

이는 기계의 명령에 복종하기보다는, 기계의 제안과 인간의 판단이 결합된 협력적 관계라고 볼 수 있다.

또한, 사회적 차원에서도 AI와 기계가 인간과 협력하는 방식은 점차 발전하고 있다. 기계가 내리는 명령이 단순히 일방적인 지시가 아니라, 사람들의 의견을 반영하고, 사람들과 상호작용을 통해 최적의 해결책을 찾아가는 방식으로 발전할 수 있다. 이는 복종을 넘어서, 기계와 인간이 서로 협력하는 미래 사회를 만들어 갈 수 있다는 가능성을 제시한다.

인간, 기계, 그리고 복종의 미래

미래의 복종은 단순히 기계가 인간에게 명령을 내리고, 인간이 그것을 따르는 관계로 끝나지 않는다. 오히려 인간과 기계는 점차 협력적이고 상호작용적인 관계를 형성해 나갈 것이다. 기계가 내리는 명령에 복종하는 문제는 기술적인 효율성과 윤리적 가치, 사회적 정의가 충돌하는 복잡한 문제로 다가올 것이다. 우리는 기계의 명령에 무비판적으로 복종하는 것이 아니라, 그 명령이 정당한지, 그리고 그것이 인간의 자유와 존엄성을 존중하는지를 끊임없이 질문하고, 성찰해야 할 필요가 있다.

미래 사회에서 복종의 의미는 단지 복종이 아닌, 협력과 상호작용의 의미로 변화할 가능성이 크다. 기술이 인간의 삶을 더욱 향상시키고, 우리가 더 나은 결정을 내릴 수 있도록 돕는다면, 복종은 단지 의무가 아니라, 공동체의 이익을 위한 협력적 과정이 될 수 있을 것이다.

제 2 장

명령과 복종의
역사적·문화적 탐구

1

동물과 자연의 세계에서
명령과 복종

우리는 인간 사회에서 명령과 복종의 복잡한 관계를 자주 목격하지만, 사실 이 메커니즘은 인간만의 특권이 아니다. 동물 세계에서도 명령과 복종은 널리 퍼져 있으며, 이는 단순히 사회적 규범을 따르는 수준을 넘어서, 생존과 번식, 집단의 안정을 위한 필수적인 요소로 작용한다. 인간과 동물의 사회는 다르지만, 명령에 복종하는 행동에는 놀라운 유사점이 존재한다. 동물들이 지시를 따르는 이유는 무엇일까? 이를 이해하기 위해서는 동물 사회에서의 역할 분담, 집단 내 리더십, 그리고 협력의 본능이 어떻게 작용하는지 살펴볼 필요가 있다.

협력과 생존: 왜 협력이 중요한가?

동물들 중 많은 종류는 협력을 통해 생존 확률을 높인다. 예를 들어, 개미 사회에서는 각 개미들이 '페로몬'이라는 화학적 신호를 통해 서로의 행동을 조율하며 협력한다. 무리의 일개미들은 페로몬을 따라가면서 먹이를 모으고, 집을 짓고, 위험을 경고하는 등의 작업을 진행한다. 이 협력 덕분에 개미들은 수많은 위협을 헤쳐 나가며 강력한 집단을 형성한다. 동물 사회에서 복종은 단순한 지시 관계를 넘어 협력적 행동을 촉진하는 중요한 요소로 작용하며, 이를 통해 자원을 확보하고 위험을 피하며 번식을 이어간다.

리더십과 복종: 누가 명령을 내리고, 왜 따르는가?

동물들 사이에서도 리더십이 중요한 역할을 한다. 이 리더십은 단지 크기나 힘에 의해 결정되는 것이 아니라, 경험과 지혜에 의해 유동적으로 변화한다. 예를 들어, 침팬지 사회에서 알파 수컷은 무리의 안정과 복지를 위해 명령을 내리고, 다른 침팬지들은 이를 따르는데, 이때 복종은 생존에 직접적인 영향을 미친다. 알파 수컷의 지시를 따르지 않으면 무리는 위기에 처할 수 있기 때문이다. 리더는 무리의 요구에 맞춰 중요한 결정을 내리고, 동료들의 신뢰를 얻어낸다. 복종은 권위자에 대한 무조건적인 순응이 아니라, 집단의 이익에 부합하는 명령을 따르는 상호신뢰의 결과이다.

명령과 복종의 진화적 관점: 생존의 법칙

동물들의 명령과 복종은 단순한 사회적 규범이 아니라, 생존과 번식을 위한 진화적 전략이다. 예를 들어, 기린은 무리 내에서 리더의 경고를 따르며 위험을 피하고, 사자 무리에서도 수컷이 먹이를 사냥할 때 암사자들이 협력한다. 이러한 협력적 행동은 무리 전체의 생존을 위한 전략이다. 동물들은 복종을 통해 집단의 생존을 보장하고, 번식의 기회를 극대화한다. 복종은 외부 지시에 의한 수동적인 반응이 아니라, 집단 내 협력적 행동을 이끌어내는 중요한 진화적 도구로 작용한다.

동물 사회에서의 위계질서와 복종 관계

동물 사회에서도 인간 사회 못지않게 복잡한 위계질서와 복종 관계가 존재한다. 늑대 무리는 명확한 서열을 따르며, 각 늑대는 자신이 속한 위치에 맞는 역할을 수행한다. 알파 늑대는 주요 결정을 내리고, 다른 늑대들은 그 명령에 복종하여 무리의 질서와 협력을 유지한다. 원숭이 사회에서도 복잡한 위계질서와 복종 관계가 존재하며, 이는 자원 분배와 사회적 안정을 이루어낸다. 개의 사회에서는 인간과의 관계를 통해 복종의 개념이 더욱 두드러지며, 이는 상호 이익을 창출하는 신뢰의 결과이다.

자연에서의 명령과 복종의 역할

자연에서의 명령과 복종은 생명력과 지속 가능한 사회 구조를 위한 핵심적인 요소이다. 예를 들어, 개미 무리에서는 철저히 분업화되어 있으며, 각 개미는 자신에게 주어진 역할을 수행한다. 여왕개미는 알을 낳고, 일개미는 먹이를 모으며, 병정개미는 무리를 보호한다. 일개미들이 서로 복종하는 관계는 자원을 효율적으로 배분하고 위협에 대처하는 능력을 키운다. 벌의 사회에서도 명령과 복종은 무리의 생존을 위한 필수적인 협력으로 작용한다. 꿀을 모은 일벌은 '춤'을 통해 다른 벌들에게 정보를 전달하고, 이를 바탕으로 먹이를 찾는다. 이와 같은 협력적 복종 관계는 자연의 균형을 유지하는 중요한 역할을 한다.

2

종교에서의
명령과 복종

신의 명령과 인간의 복종은 종교적 믿음과 실천의 핵심 요소로, 역사상 수많은 사회와 문화에서 중요한 역할을 해왔다. 신의 명령은 단순히 신성한 권위의 발현을 넘어서, 인간 존재의 의미와 목적을 규명하는 중요한 틀이 되어 왔다. 그 관계는 종종 절대적이며, 인간은 이를 따름으로써 신의 뜻에 순응하고 구원을 얻거나, 올바른 삶을 살아간다고 믿는다. 그러나 이 복종은 단순히 복종의 의미를 넘어서, 인간과 신, 인간 상호 간의 복잡한 상호작용을 통해 깊은 신앙과 이해의 과정으로 발전한다.

신의 명령과 인간의 복종
구약 성경의 이야기에서 볼 수 있듯, 아브라함의 이야기는 신의 명령에 대한 인간의 복종이 어떤 의미를 지니는지 잘 보여준다. 신은 아브라함에게 자신의 아들을 제물로 바치라는 명령을 내린다. 이 명령은 인간의 이해를 초월하는 어려운 명령이었지만, 아브라함은 이를 거부하지 않고 순종한다. 결국 신은 그의 순종을 인정하고 아들을 구원한다. 여기서 신의 명령에 대한 복종은 단순히 신의 뜻을 따르는 행위에 그치지 않고, 신과의 관계를 더욱 깊고 신뢰할 수 있는 방식으로 발전시킨다. 아브라함의 복종은 그의 신앙의 핵심이었으며, 이는 인간이 신의 뜻을 따름으로써 신과의 관계를 강화하고, 신의 계획을 이루는 중요한 역할을 한다는 메시지를 전달한다.

또한, 이슬람에서 신의 명령은 무슬림의 삶을 지배하는 중요한 기준이 된다. 이슬람교에서는 '순종'의 개념이 신에게 복종하는 것으로서, 모든 신자들이 신의 뜻에 따라 살아가야 한다는 교리가 있다. 무슬림은 매일 기도를 통해 신과의 관계를 맺고, 신의 명령을 따르며, 이는 삶의 모든 측면에 영향을 미친다. 이 복종은 단순히 의무감을 넘어서, 신에 대한 신뢰와 사랑의 표현으로 작용한다. 신의 명령을 따르는 것은 그 자체로 신앙의 실천이며, 이를 통해 무슬림은 내면의 평화와 신의 축복을 받기를 바란다.

기독교에서 신의 명령과 인간의 복종은 구원과 직결되며, 예수 그리스도의 가르침에서 이 복종의 의미는 더욱 강조된다. 예수는 신의 뜻을 실현하기 위해 세상에 오셨고, 그의 삶과 죽음은 신의 명령에 대한 완전한 순종의 상징이다. 그의 순종은 구속의 길을 여는 중요한 과정이며, 기독교 신자들에게는 신의 뜻에 따른 삶이 구원의 열쇠라는 믿음을 심어준다. 신의 명령을 따른다는 것은 결국 인간이 신과의 관계를 완성하는 길이며, 삶의 목적과 의미를 이해하는 과정으로 여겨진다.

신의 명령과 인간의 복종은 단순히 권위적인 지시를 따르는 것이 아니라, 인간의 존재와 신의 뜻을 이해하고, 그에 순응하는 과정을 통해 인간과 신의 관계를 더욱 깊게 만드는 과정이다. 신에게 복종하는 것은 결국 인간의 성장과 깨달음을 위한 길이 되며, 이 관계 속에서 인간은 자신을 넘어 신과의 연결을 체험하게 된다. 이 복종은 불완전한 인간이 신의 완전함에 닿기 위한 중요한 발걸음이자, 신의 뜻을 실현하는 삶을 살아가는 근본적인 원동력이 된다.

종교적 교리에서 명령과 복종의 의미

종교적 교리에서 명령과 복종의 관계는 인간 존재의 목적과 삶의 의미를 규명하는 중요한 요소로 작용한다. 교리 속에서 신의 명령은 절대적이고, 이를 따르는 복종은 신앙의 근본이자 인간이 신과의 관계를 완성하는 중요한 길이다. 그러나 명령과 복종이 단순히 권위적인 지시와 순응의 차원을 넘어서, 더 깊은 의미를 담고 있다는 점에서 종교적 교리에서 그 역할은 더욱 흥미롭고 다채롭다.

기독교에서 신의 명령은 '하나님의 뜻'을 따르는 것으로 해석된다. 예수 그리스도의 가르침에서 볼 수 있듯, 사랑과 용서, 겸손, 그리고 신에 대한 순종은 기독교 신앙의 핵심이다. 예수는 인간에게 신의 명령을 따를 것을 요청하며, 그 명령이 단순히 외적인 규범을 넘어서 내면의 변화를 요구한다고 말한다.

"너희가 서로 사랑하라"는 명령은 그저 행위의 규정이 아니라, 인간 관계를 신의 뜻에 맞게 변화시키는 중요한 메시지이다. 기독교에서 복종은 단순히 무조건적인 수용이 아니라, 신의 뜻을 깊이 이해하고 그 뜻에 맞춰 삶을 살아가는 적극적인 실천이 된다. 이러한 복종은 인간의 자아를 넘어서 신의 사랑과 구속을 받아들이는 과정으로 이어지며, 신과의 친밀한 관계를 형성하는 길이 된다.

이슬람에서는 신의 명령에 대한 복종이 신앙의 핵심이다. 이슬람의 기본 교리인 '신의 뜻에 완전히 복종하는 것'은 무슬림의 삶의 모든 측면에 영향을 미친다. 이슬람에서 '복종'은 단순한 외적 행동의 준수를 넘어서, 신과의 깊은 관계를 이루는 중요한 실천이다. 예를 들어, '샤하다'(신앙 고백), '살라트'(기도), '자카트'(자선), '사움'(금식), '하지'(성지 순례) 등은 모두 신의 명령에 대한 복종을 통해 신과의 관계를 강화하고, 신의 뜻을 실현하는 과정으로 여겨진다. 특히, 이슬람에서 복종은 무슬림이 신의 의도를 충실히 따르며, 그 과정에서 개인의 내면이 깨끗해지고 신앙이 깊어지며, 궁극적으로 신의 축복을 받는 길로 이어진다고 믿어진다.

힌두교에서도 명령과 복종은 신과의 관계를 형성하는 중요한 요소이다. 힌두교의 경전인 '바가바드 기타'에서는 인간이 신의 뜻을 따르고 복종함으로써, 궁극적인 구속에 이를 수 있다는 교훈을 전달한다. 이 경전에서 크리슈나는 아르주나에게 전쟁을 통해 자신의 의도를 실현할 것을 명령한다. 크리슈나의 명령을 따르는 아르주나는 전투에서 승리하며, 이는 단순한 승리가 아닌, 신의 뜻에 따른 순응을 통한 구속의 상징적 표현이다. 힌두교에서 명령과 복종은 인간이 신의 뜻에 순응함으로써 자신을 초월하고, 신의 신성한 목적을 실현하는 길로 이어진다.

불교에서도 명령과 복종의 개념은 다르게 해석된다. 불교에서는 신이 명령하는 형태보다는, 깨달음과 자비를 통해 스스로 진리를 깨닫고 실천하는 것을 중시한다. 그러나 불교의 교리 중에서도 스승과 제자 간의 관계에서 명령과 복종이 중요한 역할을 한다. 스승은 제자에게 불교의 가르침을 전달하고, 제자는 그 가르침에 따라 자신의 삶을 조정해 나간다. 이 복종은 순응의 차원이 아니라, 스승의 지혜를 통해 내면의 깨달음을 얻고, 그 깨달음을 실천하는 과정으로 이해된다. 결국 불교에서의 복종은 '자아'를 넘어선 깨달음과 해탈을 위한 중요한 도약으로 작용한다.

　종교적 교리에서 명령과 복종은 인간이 신과의 관계를 맺고, 그 뜻을 실현하는 중요한 과정이다. 신의 명령은 인간에게 삶의 방향을 제시하고, 복종은 그 명령을 따름으로써 인간이 신의 뜻에 부합하는 삶을 살아갈 수 있도록 돕는다. 그러나 이 복종은 단순한 외적 순응을 넘어, 내면의 변화와 신과의 깊은 관계 형성, 그리고 궁극적인 구속이나 깨달음을 위한 중요한 과정으로 그 의미를 갖는다. 종교적 교리 속에서 명령과 복종은 인간 존재의 궁극적인 목적을 향한 중요한 여정이며, 이를 통해 신과의 관계를 더욱 깊고 진지하게 이어갈 수 있는 길을 열어준다.

3

문학작품 속
명령과 복종

문학 속에서 명령과 복종의 관계는 단순히 권위와 순응의 문제를 넘어서, 인간 존재의 내면을 탐구하고, 복잡한 사회적, 심리적 갈등을 반영하는 중요한 주제로 다뤄진다. 문학은 그 자체로 인간의 경험과 감정을 담아내는 장르이기 때문에, 명령과 복종의 문제는 종종 등장인물의 내적 변화나 사회적 갈등을 강조하는 방식으로 그려진다. 이런 작품들은 독자에게 권위와 순응에 대한 다양한 관점을 제공하며, 때로는 복종이 단순히 사회적 요구를 따르는 것이 아닌, 인간의 자유와 정체성을 둘러싼 복잡한 문제임을 드러낸다.

셰익스피어의 《리어 왕》

셰익스피어의 《리어 왕》에서는 명령과 복종의 관계가 비극적인 비율로 그려진다. 왕 리어는 두 딸에게 자신의 왕국을 나누어 주겠다고 결정하지만, 그 과정에서 복종을 요구하는 방식과 딸들의 반응이 핵심적인 갈등을 이룬다. 리어는 딸들에게 애정과 복종을 명령하며, 그들이 보여주는 순종적인 말에 속아 결국 왕국을 나누어 주게 된다. 그러나 이 복종이 단순한 애정의 표시가 아니라 정치적 계산과 배신을 동반하면서,

리어는 결국 자신의 실수를 깨닫고 절망하게 된다. 이 작품은 명령과 복종이 반드시 사랑이나 신뢰에서 비롯되지 않으며, 권위적인 명령이 불행을 초래할 수 있음을 강조한다.

조지 오웰의 《1984》

조지 오웰의 《1984》에서는 명령과 복종의 관계가 권력의 억압적인 측면을 극대화하는 방식으로 나타난다. 주인공 윈스턴 스미스는 '빅 브라더'라는 독재적인 정부에 의해 통제되는 사회에서 살아간다. 사회적 복종은 그저 권위자의 명령을 따르는 것뿐만 아니라, 인간의 사고와 감정까지도 지배하려는 시도로 나타난다. '사상이탈'을 금지하는 정부의 명령은 윈스턴에게 끊임없이 복종을 강요하며, 이는 개인의 자유를 억압하는 강력한 방식으로 작용한다. 문학에서의 명령과 복종은 단지 사회적 규범을 따르는 것이 아니라, 인간 존재를 지배하려는 권력의 도전과 그로 인해 발생하는 심리적 고통을 탐구하는 중요한 도구로 사용된다.

헤르만 헤세의 《데미안》

헤르만 헤세의 《데미안》에서는 주인공 싱클레어가 성장하면서, 명령과 복종을 새로운 시각에서 받아들이는 과정을 그린다. 초기에는 부모와 사회가 강요하는 명령에 복종하던 싱클레어는 데미안이라는 인물과의 만남을 통해 점차 자신의 내면과 진정성에 충실한 삶을 살아가게 된다. 복종이 단순히 외부의 권위에 의한 것만이 아니라, 자신을 실현하는 과정에서 스스로 선택하는 자유로 나아가는 중요한 전환점을 경험한다. 이 작품에서는 명령과 복종이 인간의 성장과 자아 찾기와 밀접하게 연결되어 있으며, 진정한 자유는 외부의 명령에서 벗어나 자기 자신에게 복종하는 데 있음을 탐구한다.

레오 톨스토이의 《전쟁과 평화》

톨스토이의 《전쟁과 평화》에서는 명령과 복종이 군사적, 사회적 구조 안에서 어떻게 작동하는지를 탐구한다. 특히, 나폴레옹 전쟁을 배경으로 한 이 작품에서는 군인들이 상급자의 명령을 따르며, 그 복종이 개인의 삶과 죽음에 큰 영향을 미친다. 그러나 톨스토이는 단순히 명령을 따른 결과로만 이야기를 풀어내지 않고, 각 인물들의 내적 갈등과 성장, 그리고 복종이 가져오는 의미에 대해 심도 깊은 고민을 제시한다. 전쟁의 참혹함 속에서 명령과 복종은 단순한 사회적 계약을 넘어서, 인간 존재의 의미와 자유에 대한 고찰로 확장된다.

이처럼 문학 작품 속에서 명령과 복종은 단순히 권력의 행사와 복종을 묘사하는 것이 아니라, 인간 내면의 복잡한 심리와 사회적 관계를 반영한다. 이러한 작품들은 독자에게 단순한 '복종'의 개념을 넘어서, 복잡한 인간의 갈등과 존재의 의미를 탐구하게 하며, 권위와 순응이 어떤 사회적, 개인적 결과를 초래할 수 있는지를 심도 깊게 생각하게 만든다. 명령과 복종은 때로 인간의 자유를 침해하는 억압적인 요소가 되기도 하고, 때로는 인간이 스스로의 길을 찾는 중요한 과정이 되기도 한다. 문학은 이 두 가지의 복잡한 상호작용을 통해 독자에게 깊은 인사이트를 제공한다.

도스토옙스키의 《죄와 벌》

도스토옙스키의 《죄와 벌》에서 복종은 도덕적, 심리적 갈등의 중심에 있다. 주인공 로디온 로마노비치 라스콜니코프는 사회적 규범과 권위에 대한 반항심을 품고 있으며, 그의 범죄는 자신이 위대한 사람이라는 자아도취와 무의식적인 복종 거부에서 비롯된다. 그러나 범죄 후, 그는 복종의 필요성을 느끼며 내면의 고통과 싸운다. 라스콜니코프의 이야기는 권위와 질서에 대한 복종이 단순히 외부의 힘에 굴복하는 것이 아니라, 인간 내면의 도덕적 싸움과 연결되어 있다는 것을 보여준다. 그의 복종은 결국 자신의 죄에 대한 인정과 구속을 위한 길로 나아가며, 이는 인간 존재의 심오한 고뇌를 드러낸다.

톨스토이의 《안나 카레니나》

톨스토이의 《안나 카레니나》에서 복종은 사회적 규범과 개인적인 욕망 사이의 갈등을 중심으로 전개된다. 주인공 안나는 남편과의 결혼생활에서 점차 복종을 거부하고, 결국 알렉세이 Vronsky와의 불륜에 빠진다. 그녀의 복종 거부는 사회의 기대와 자신이 원하는 자유 사이에서의 충돌을 나타낸다. 그러나 복종을 거부한 결과, 안나는 사회적 낙인과 비난을 받으며 결국 자살에 이르게 된다. 안나의 이야기는 복종이 단순히 외부의 규범을 따르는 것이 아니라, 개인의 자유와 선택이 얼마나 중요한지, 그리고 그 선택이 초래할 수 있는 치명적인 결과에 대해서도 고민하게 만든다.

조지 오웰의 《동물농장》

조지 오웰의 《동물농장》에서 복종은 권력과 억압의 상징적인 표현으로 등장한다. 이 작품은 동물들이 인간 농장주를 타도하고 새로운 사회를 세우는 이야기를 담고 있지만, 결국 복종은 새로운 독재자 '돼지'들에 의해 강요된다. 동물들은 초기에는 평등한 사회를 꿈꾸며 각자의 역할을 충실히 수행하지만, 결국 돼지들은 '복종'을 유도하며 자신들의 권력을 유지한다. 오웰은 복종이 어떻게 쉽게 권력자에게 이용될 수 있는지를 보여주며, 복종이 과도하게 요구될 때 사회적 비극을 초래할 수 있음을 경고한다.

헤밍웨이의 《노인과 바다》

헤밍웨이의 《노인과 바다》에서 복종은 자연과의 관계에서 중요한 역할을 한다. 주인공인 산티아고 노인은 바다의 강력한 힘에 복종하는 한편, 그 힘에 맞서 싸운다. 그의 싸움은 단순히 물리적인 힘의 대결이 아니라, 자연의 법칙과 인간의 한계를 인정하고 복종하면서도 인간 정신의 승리를 목표로 한다. 이 작품에서 복종은 고통과 희생을 동반하는 과정이며, 인간이 자연에 복종함으로써 자신의 한계를 깨닫고, 동시에 인간 정신의 강인함을 발견하는 여정을 그린다.

알베르 카뮈의 《이방인》

알베르 카뮈의 《이방인》에서는 복종이 사회적 규범과 무관심의 문제로 나타난다. 주인공 뫼르소는 사회의 기대나 규범에 복종하기보다는 자신만의 방식으로 세상을 바라본다. 그는 감정의 부재와 사회적 규범에 대한 무관심 속에서 살고, 결국 범죄를 저지르고도 그에 대해 아무런 감정을 느끼지 않는다. 뫼르소의 복종 거부는 개인의 자유와 존재의 의미를 탐구하는 방식으로 그려지며, 이 작품은 인간이 복종을 거부할 때 경험하는 사회적 소외와 내면의 부조리를 강하게 제시한다.

마르셀 프루스트의 《잃어버린 시간을 찾아서》

마르셀 프루스트의 《잃어버린 시간을 찾아서》에서 복종은 사회적, 개인적 시간의 흐름에 대한 감정적 복종으로 나타난다. 주인공은 사회의 규범과 시간에 따라 자신을 형성하고, 결국은 그 모든 것에 복종하며 자기 존재를 정의해 나간다. 그러나 복종은 그가 세상을 바라보는 시각을 제한하며, 한편으로는 그가 자신의 삶을 어떻게 받아들이고, 기억과 시간의 흐름 속에서 스스로를 어떻게 정의할 것인지를 묻는 중요한 철학적 질문을 제기한다. 복종이 개인의 정체성에 미치는 영향과, 시간이 흐르면서 복종이 어떻게 삶의 의미를 재구성하는지를 탐구하는 작품이다.

김만중의 《구운몽》

김만중의 《구운몽》에서는 복종이 인간의 도덕적 성장과 자아 찾기라는 주제와 연결된다. 주인공 성진은 다양한 생애를 경험하면서 사회적 규범과 자아에 대한 복종을 통해 깨달음을 얻는다. 그는 여러 번 복종을 통해 세속적인 욕망을 극복하고, 궁극적으로 깨달음을 얻고는 스스로의 삶을 돌아보게 된다. 이 작품에서 복종은 단순한 순응이 아니라, 인간 존재의 진정성과 도덕적 깨달음을 위한 과정으로 그려진다.

문학 작품 속에서 복종은 권력과 질서의 문제를 넘어서, 개인과 사회, 내면과 외부의 충돌을 반영하는 중요한 주제이다. 복종은 때로 억압적이고, 때로는 자유를 찾는 여정이 되기도 하며, 각 작품은 복종이 인간 존재의 의미와 어떻게 얽히는지 탐구한다. 이를 통해 독자는 복종이 단순한 순응을 넘어서, 인간 내면의 깊은 고민과 갈등을 나타내는 중요한 요소임을 깨닫게 된다.

4

역사적 사건에서
명령과 복종

전쟁과 정치의 세계에서 명령과 복종의 관계는 단순히 권위와 순응을 넘어서, 인간의 생명과 국가의 운명, 이념과 힘의 충돌과 얽히며 복잡하게 전개된다. 전쟁과 정치 속에서 명령과 복종은 생존과 승패를 가를 수 있는 핵심적인 요소이자, 때로는 국가의 정체성과 국민의 운명을 좌우하는 중요한 기제로 작용한다. 이 관계는 종종 도덕적 딜레마와 권력의 남용, 복종의 의미에 대한 근본적인 질문을 제기한다.

전쟁과 정치에서의 명령과 복종 관계

군대에서의 명령과 복종 전쟁의 기계적 질서 군대에서는 명령과 복종이 철저히 상명하복의 방식으로 이루어진다. 특히 전쟁 중에는 전투의 승패가 명령을 따르느냐, 아니냐에 달려 있는 경우가 많다. 병사들은 상급자의 명령에 무조건 복종해야 하며, 이를 거스르면 군의 질서가 무너지고 조직의 효율성이 떨어질 수 있다. 그러나 이러한 복종의 관계는 때로 인간의 윤리적 고민과 충돌하기도 한다. 예를 들어, 나치 독일의 군인들이 유대인을 학살하는 명령에 복종했을 때, 이들의 복종이 단순히 국가의 명령을 따르는 것인지, 아니면 인간으로서의 도덕적 선택을 포기한 것인지에 대한 논란이 끊이지 않는다. 이처럼 전쟁에서의 명령과 복종은 명령이 이끄는 결과와 개인의 도덕적 판단 사이의 충돌을 엿볼 수 있는 중요한 사례를 제공한다.

전쟁에서의 복종과 도덕적 갈등 톨스토이의 《전쟁과 평화》에서는 나폴레옹 전쟁을 배경으로 군인과 민중이 겪는 명령과 복종의 복잡한 관계가 그려진다. 주인공 안드레이 볼콘스키와 피에르 베주호프는 군의 명령에 복종하는 한편, 전쟁의 참혹함과 부조리를 목격하면서 내면의 갈등에 휘말린다. 이들은 전쟁의 영광과 명예보다는 전쟁의 무의미함과 인간성이 짓밟히는 현실을 깨닫게 된다. 특히 전쟁 속에서 복종은 명예와 영광을 위한 것이 아니라, 단지 생존을 위한 수단으로 전락할 때가 많다. 톨스토이는 이를 통해 복종이 단순한 질서 유지를 위한 것이 아니라, 인간의 내면적 갈등과 그에 대한 저항의 장이 될 수 있음을 보여준다.

정치에서의 명령과 복종 권력의 정당성과 억압 정치 세계에서도 명령과 복종은 국가 운영의 핵심이다. 그러나 정치에서의 복종은 때로 권력자의 의도에 따라 억압적일 수 있다. 예를 들어, 독재 정권 하에서 시민들은 국가의 명령에 복종해야 하는 상황에 직면한다. 이때 복종은 단순히 사회 질서를 유지하는 것이 아니라, 정치적 억압과 통제의 수단으로 작용한다. 히틀러나 스탈린과 같은 독재자들은 자신의 권력을 공고히 하기 위해 국민들에게 명령을 내리고, 그 명령에 복종하는 것이 국가에 대한 충성으로 간주되었다. 이때 복종은 자유와 인권의 침해를 감수해야 하는 복잡한 딜레마를 야기한다. 정치에서 복종이 권력을 정당화하는 방식으로 작용할 때, 그 명령의 정당성과 인간의 도덕적 책임에 대한 질문이 계속해서 제기된다.

혁명과 정치적 복종《1984》조지 오웰의《1984》는 정치적 명령과 복종의 관계를 극단적으로 그린 작품이다. 이 소설에서 주인공 윈스턴은 '빅 브라더'라는 독재적 정부의 명령에 복종하는 사회에 살고 있다. 그러나 윈스턴은 점차 이러한 복종에 의문을 품고, 개인의 자유를 되찾기 위해 저항을 결심한다. 이 작품은 복종이 얼마나 위험한 결과를 초래할 수 있는지를 보여주며, 정치적인 복종이 사회적 억압과 인간의 자유를 어떻게 파괴할 수 있는지 경고한다. 윈스턴의 저항은 단순한 복종의 거부가 아니라, 인간 존재의 기본적인 자유를 되찾으려는 투쟁의 일환이다. 이처럼 정치적 명령과 복종은 개인의 정체성과 자유를 위협하는 요소로 등장할 수 있으며, 그에 대한 저항이 새로운 변화를 일으킬 수 있음을 암시한다.

정치적 복종과 민주주의 현대 사회에서의 명령과 복종 현대 민주사회에서 복종은 법과 질서를 유지하는 중요한 원칙이지만, 이 또한 권력의 남용을 방지하는 시스템 내에서 이루어져야 한다. 예를 들어, 민주주의 국가에서는 국민들이 선출된 지도자에게 복종하지만, 복종이 반드시 무조건적인 순응을 의미하는 것은 아니다. 민주사회에서는 법과 질서에 복종하는 동시에, 권력의 남용에 대해 목소리를 낼 수 있는 권리가 보장된다. 이는 복종과 저항이 동전의 양면처럼 존재함을 의미한다. 예를 들어, 시민들이 부당한 정책에 반대하는 시위를 벌이는 것은 복종을 거부하는 방식으로, 민주주의 체제에서의 복종의 의미를 다시 한번 생각하게 만든다.

전쟁과 정치에서의 복종

패배와 승리의 갈림길 전쟁과 정치에서 명령과 복종은 종종 '승리'와 '패배'라는 결정적인 갈림길을 만들어낸다. 전쟁에서 명령에 복종하며 싸운 병사들은 결국 승리를 거두거나, 때로는 비극적인 패배를 경험하기도 한다. 정치적 복종은 국가가 정의로운 방향으로 나아갈 수 있도록 돕는 중요한 요소지만, 이 복종이 부당한 권력을 뒷받침하는 도구로 변질되면, 전체 사회는 억압적인 구조로 변할 수 있다. 결국, 전쟁과 정치에서의 명령과 복종은 단순히 승패를 넘어서, 인간의 도덕성과 정의, 권력의 남용에 대한 지속적인 질문을 불러일으키며, 시대마다 그 의미가 달라지기도 한다.

전쟁과 정치에서 명령과 복종의 관계는 단순히 체제와 질서를 유지하는 기계적 기능을 넘어서, 개인의 자유와 도덕적 판단, 국가의 권력과 사회적 정의의 문제를 심각하게 다룬다. 이 관계는 인간의 내면과 외부 세계의 충돌을 반영하며, 복종이 때로는 인류의 진보를 위한 도전이 될 수 있음을 시사한다.

5

역사적 사건에서
명령에 따른 인간의 반응

역사적 사건에서 명령에 따른 인간의 반응은 때로는 영웅적인 순응이기도 하고, 때로는 비극적인 저항의 형태로 나타난다. 명령이 내려질 때, 그에 대한 인간의 반응은 단순히 복종이나 거부를 넘어서, 인간 존재의 깊은 윤리적, 사회적, 심리적 문제를 드러낸다. 각기 다른 시대와 사건에서 인간들은 권력자들의 명령에 어떻게 반응했으며, 그 반응이 역사를 어떻게 형성했는지 살펴보면 인간 본성에 대한 깊은 통찰을 얻을 수 있다.

나치 독일과 홀로코스트: 명령의 복종과 도덕적 딜레마

제2차 세계대전 중 나치 독일에서 발생한 홀로코스트는 명령에 따른 인간 반응을 극단적으로 보여주는 사례다. 나치의 상급자들이 하위 계급에게 유대인들을 학살하라는 명령을 내렸을 때, 많은 독일군과 경찰들은 이 명령에 복종했다. 그러나 일부는 도덕적 갈등을 겪으며 명령을 거부하거나, 숨어서 유대인들을 구하려 했다. 역사적으로 이 사건은 명령에 따른 복종이 인간의 도덕성에 어떤 영향을 미칠 수 있는지, 그리고 어떻게 절대적인 권력에 의해 인간성이 짓밟히는지를 명확하게 보여준다. 복종은 단순히 권위에 대한 순응을 넘어, 때로는 인류 역사에서 가장 큰 비극을 초래할 수 있다는 사실을 시사한다.

프랑스혁명: 명령에 대한 저항과 새로운 질서

프랑스혁명은 명령에 대한 순응이 아닌 저항을 통해 새로운 사회 질서가 형성된 사건이었다. 프랑스의 왕권과 귀족들은 수백 년간 절대적 권력을 행사하며 명령을 내렸지만, 결국 국민들은 이를 거부하고 혁명이라는 대규모 저항을 일으켰다. 혁명은 왕과 귀족들에 대한 명령을 거부하고, 민주주의와 자유, 평등의 가치를 위한 새로운 질서를 세우려는 인간들의 반응을 담고 있다. 혁명에서 명령을 따르던 사람들은, 결국 권위에 대한 의문을 품고 더 큰 사회적 변화를 이끌어냈다. 혁명가들은 권위에 복종하지 않음으로써 기존의 억압적인 시스템을 무너뜨리고, 새로운 사회적 비전을 창출했다. 이는 명령에 대한 복종이 때로는 사회적 변혁의 씨앗이 될 수 있음을 보여준다.

마틴 루터 킹 주니어의 민권 운동: 비폭력 저항과 명령의 불복종

미국의 민권 운동에서 마틴 루터 킹 주니어는 '비폭력적 저항'이라는 개념을 통해 명령에 대한 반응의 새로운 모델을 제시했다. 당시 아프리카계 미국인들은 법적으로 차별을 받았고, 이를 합법화한 명령들은 사회의 불평등을 영속화하는 도구로 사용되었다. 하지만 킹은 이 명령들에 복종하는 대신, 비폭력적인 방식으로 반대의 목소리를 높였다. 그는 '불복종'이라는 수단을 통해, 부당한 법과 명령을 거부하고 평화적인 방법으로 사회를 변화시키려 했다. 이는 명령에 대한 단순한 반대가 아니라, 비폭력적인 방식으로 사회적 정의를 실현하려는 인간의 깊은 통찰과 용기를 보여준다.

중국 문화 대혁명: 순응과 억압의 극단적인 사례

중국의 문화 대혁명 기간 동안, 마오쩌둥은 전통적 가치와 문화에 대한 공격을 감행하며 '붉은 혁명'을 이끌었다. 이 시기에 수많은 사람들이 당의 명령을 따르며, 자국민을 고발하고 동료들을 처벌하는 방식으로 혁명의 '순응자'가 되었다. 그 결과는 비극적이었다. 많은 사람들이 자신의 가족과 친구들을 배신하고 명령을 따르며 개인적 윤리와 인간성을 상실했다. 하지만 이 시기에도 반대와 저항이 있었다. 일부는 명령을 거부하고, 그에 따라 목숨을 잃기도 했지만 인간의 존엄성을 지키기 위한 용기 있는 행위를 했다. 이 사건은 명령에 복종하는 것과 인간의 양심 사이에서 벌어지는 갈등을 명확히 드러내며, 절대적인 권력에 맞서 싸우는 데 있어 개인의 선택이 얼마나 중요한지를 강조한다.

베트남 전쟁과 '아군' 명령에 의문: 도덕적 딜레마와 군인의 반응

베트남 전쟁 중, 많은 미군은 상부의 명령을 따르며 전투에 나섰지만, 이 전쟁이 진행되면서 군인들 사이에서는 명령의 정당성에 대한 의문이 커졌다. 특히 '마이 라이 학살'과 같은 사건은 군인들이 명령을 따르면서 일어난 비극적인 결과였다. 군인들은 상급자의 명령을 따르면서 도덕적 딜레마에 직면했고, 전쟁의 현실을 마주하며 복종과 저항의 경계를 넘나들었다. 이 사건은 군인들이 명령을 따르기보다는 인간적인 양심과 정의의 목소리를 따를 때, 전쟁의 비극이 어떻게 바뀔 수 있는지를 보여주는 사례로 기억된다.

9·11 테러 이후의 국가보안법과 명령에 대한 시민들의 반응

2001년 9·11 테러 이후, 미국 정부는 국민의 안전을 보호하기 위한 명목으로 많은 새로운 법과 명령을 내리기 시작했다. 이 중에는 감시와 정보 수집을 강화하고, 테러 용의자를 대상으로 한 예외적 처벌 조치도 포함되었다. 이에 대해 일부 시민들은 명령에 복종하는 대신, 개인의 자유와 프라이버시를 보호하기 위해 법적 저항을 펼쳤다. 테러를 방지하는 것이 중요하지만, 자유와 권리를 침해하는 명령에 대해 의문을 제기하며, 민주적 원칙을 지키려는 노력들이 일어났다. 이처럼, 명령에 대한 반응은 때로 국가의 안전과 개인의 자유 사이에서 끊임없는 균형을 추구하게 만든다.

역사적 사건에서 명령에 따른 인간의 반응은 단순한 복종의 문제를 넘어, 도덕적 딜레마와 인간 본성에 대한 깊은 질문을 던진다. 명령에 순응하거나 거부하는 반응은 각 시대와 상황에 따라 다양한 양상으로 나타나며, 그로 인해 역사는 새로운 방향을 맞이하거나 비극적인 결과를 맞게 된다. 이러한 반응들은 우리가 역사 속에서 배우고, 오늘날에도 여전히 중요한 가치와 윤리를 어떻게 적용할 것인지에 대해 지속적으로 성찰하게 만든다.

6

사상가들의 관점에서 본
명령과 복종

명령과 복종의 문제는 단순히 권력과 순응의 문제가 아니라, 인간 존재의 본질과 도덕적, 사회적 의무에 대한 깊은 질문을 던진다. 주요 사상가들은 이 주제에 대해 서로 다른 관점에서 탐구하며, 명령과 복종이 인간 사회의 근본적인 구조와 어떻게 얽혀 있는지를 설명했다. 그들의 사상은 우리가 명령과 복종을 어떻게 이해하고, 그 의미를 어떻게 재구성할 수 있는지에 대한 풍부한 통찰을 제공한다.

소크라테스와 플라톤: 도덕적 복종과 이성의 지배

고대 그리스의 철학자 소크라테스는 복종에 대해 매우 도덕적이고 이성적인 관점을 제시했다. 그는 "알테 온, 너 자신을 알라"는 신의 명령을 따르며, 법과 사회적 규범에 대한 복종을 도덕적 책임으로 여겼다. 소크라테스는 법과 질서를 유지하기 위해 복종이 필요하다고 믿었으며, 자신이 받는 사형 선고를 받아들이는 과정에서 이를 실천했다. 그는 법의 명령에 복종하는 것이 도덕적 의무라고 주장했지만, 그 복종은 단순한 순종이 아니라 이성적이고 도덕적인 결정의 결과였다. 이는 플라톤의 사상으로 이어져, 정의롭고 도덕적인 삶을 살기 위해서는 명령과 법에 순응해야 한다는 생각이 확립되었다.

홉스: 사회 계약과 질서 유지를 위한 복종

토마스 홉스는 『리바이어던』에서 복종에 대한 가장 영향력 있는 현대적 관점을 제시했다. 그는 인간 본성이 이기적이고 폭력적이라며, 자연 상태에서는 끊임없는 충돌과 갈등이 일어난다고 주장했다. 홉스는 이를 해결하기 위해 강력한 중앙 집권적 정부가 필요하다고 보았다. 그는 사람들이 사회 계약을 통해 정부의 명령에 복종함으로써 질서와 안전을 유지할 수 있다고 믿었다. 여기서 복종은 사회적 계약의 일환으로, 개인의 자유를 제한하는 대신 공동체의 안정과 생명을 보장하는 필수적인 수단이었다. 홉스에게 복종은 사회 질서를 위한 도덕적 책임이자 생존을 위한 합리적 선택이었다.

칸트: 자유와 도덕적 자율성의 융합

임마누엘 칸트는 복종을 단순한 외부 권위에 대한 수동적인 반응으로 보지 않았다. 그는 복종을 '자율적인 의무'로 이해했으며, 이는 인간이 내적인 도덕법칙을 따르려는 의지에서 비롯된다고 주장했다. 칸트는 "네가 행하는 모든 행동을 너 자신에게 법이 될 수 있도록 행하라"는 카테고리적 명령을 통해, 인간이 도덕적 결정을 내릴 때 외부의 강요가 아닌, 내적인 도덕적 법칙에 따라 행동해야 한다고 강조했다. 따라서 칸트에게 복종은 외부 권력에 대한 순응이 아니라, 내면적인 도덕적 원칙에 대한 충실함이었다. 복종은 자유와 자율성의 실현으로, 인간이 진정으로 자유로운 존재로서 도덕적 행위를 실천하는 과정이었다.

니체: 권력 의지와 복종의 역설

프리드리히 니체는 복종을 전통적인 도덕적 제약과 억압의 형태로 보았다. 그는 '노예 도덕'을 비판하며, 전통적 도덕이 인간의 본능과 창조적 의지를 억제한다고 주장했다. 니체에게 복종은 권력관계의 불평등을 강화하고, 인간이 자기 자신을 실현하는 데 장애가 된다. 그는 인간이 권력의 의지에 따라 자아를 확립하고, 기존의 도덕적 가치에 도전하는 과정을 통해 진정한 자유를 찾을 수 있다고 보았다. 복종은 더 이상 '순응'이 아니라, 개인이 자신의 힘을 통해 기존 질서에 도전하고, 새로운 가치를 창출하는 과정으로 해석되었다.

마르크스: 경제적 관계에서의 복종

카를 마르크스는 복종을 경제적 착취와 권력 구조의 문제로 분석했다. 그는 자본주의 사회에서 노동자들이 자본가의 명령에 복종하는 구조를 비판하며, 이를 경제적 지배의 한 형태로 보았다. 마르크스에게 복종은 단순히 사회적 규범이나 권력의 행사에 대한 수동적 반응이 아니라, 경제적 착취와 불평등을 증대시키는 수단이었다. 그는 노동자들이 경제적 권리를 주장하고, 자본가의 지배에 맞서 싸울 때만이 진정한 자유와 평등을 실현할 수 있다고 믿었다. 마르크스의 사상에서는 복종이 사회적 불평등을 강화하는 악순환을 의미하며, 이를 극복하려는 혁명적 변화를 촉구했다.

푸코: 권력과 복종의 미시적 작용

미셸 푸코는 권력과 복종을 미시적이고 일상적인 상호작용 속에서 분석했다. 그는 권력이 단지 상위에서 하위로 내려오는 명령의 형태가 아니라, 사회의 모든 영역에서 상호작용을 통해 작용한다고 보았다. 푸코는 '감시와 처벌'에서 복종을 권력의 내면화된 형태로 이해했다. 그는 사람들이 외부의 명령에 복종하는 것이 아니라, 자신들의 행동을 스스로 규제하고 통제하는 방식으로 권력이 작용한다고 주장했다. 복종은 권력이 개인의 마음속까지 영향을 미치는 방식으로, 권력과 복종의 경계가 모호해지는 과정을 설명했다. 푸코의 관점은 우리가 복종을 단순한 명령의 수용이 아닌, 더 넓은 권력의 맥락에서 이해해야 한다는 중요한 시사점을 제공한다.

사상가들은 명령과 복종을 단순한 권위의 관계로 보지 않고, 인간의 자유, 도덕, 권력, 사회 구조와 깊은 연관을 지어 탐구했다. 그들의 철학은 복종이 어떻게 개인의 자유와 자율성을 실현하거나, 혹은 사회적 억압과 착취의 한 형태로 나타날 수 있는지를 설명한다. 이를 통해 우리는 복종의 복잡한 의미와 그것이 인간 존재에 미치는 영향을 더욱 깊이 이해할 수 있다.

제 3 장

위법한 명령,
그리고 그에 따른 책임

1

명령 복종의
법적·윤리적 근본

법적 관점에서 명령과 복종의 관계는 권위의 행사와 그에 대한 준수로 정의된다. 국가나 정부는 법을 통해 명령을 내리고, 시민들은 이를 따르며 사회적 질서를 유지한다. 법률은 사회의 기본 규범을 제시하고, 이를 어길 경우 법적 처벌을 받을 수 있는 체계를 마련한다. 하지만 법이 항상 윤리적일까? 법적 명령이 반드시 도덕적이고 공정해야만 복종이 정당화될 수 있을까? 역사적으로 봤을 때, 많은 법적 명령이 윤리적으로 논란이 되었고, 그에 대한 복종은 법 자체의 정당성에 의해 영향을 받았다.

법과 윤리의 충돌: 복종의 딜레마

명령과 복종의 관계에서 법적 정당성과 윤리적 정당성이 충돌할 때, 사람들은 어떤 선택을 해야 할까? 역사적으로 많은 경우, 법이 윤리적 기준에 부합하지 않았고, 이로 인해 사람들은 법적 복종을 거부하기도 했다. 마틴 루터 킹은 시민불복종 운동을 통해 부당한 법에 대해 저항하며, 법과 윤리의 충돌 속에서 더 큰 정의를 추구했다. 그의 경우, 법을 따르는 것이 아니라 윤리적 의무를 따르는 것이 중요하다고 보았다.

또한, 간디는 영국의 식민지 지배 하에서 비폭력적인 시민 불복종을 통해 법과 윤리 간의 불일치를 드러냈다. 그는 부당한 명령에 대해 복종하지 않음으로써 법적 권위와 도덕적 권위의 경계를 모호하게 만들었다.

명령과 복종: 복잡한 관계

이 장에서는 명령과 복종의 법적, 윤리적 근본을 탐구하면서, 복종이 단순히 외부 권위에 대한 순응을 넘어선 복잡한 문제임을 밝혔다. 법은 질서를 유지하기 위한 중요한 규범을 제공하지만, 그 법이 도덕적, 윤리적 정당성을 갖추지 못했을 때 복종은 도덕적 딜레마를 낳을 수 있다. 복종은 그 자체로 선택적이고 도덕적인 행위일 수 있으며, 그 정당성은 각 개인의 도덕적 양심과 판단에 의해 결정된다. 법과 윤리가 충돌하는 상황에서는 인간의 내적 가치관과 도덕적 의무가 복종의 방향을 결정짓는 중요한 기준이 된다. 따라서, 명령과 복종의 관계는 단순한 권위의 문제를 넘어, 그 명령이 얼마나 도덕적이고 정의로운지를 평가하는 중요한 기준이 되어야 한다.

2

명령과 복종의 정의:
권위와 순응의 복잡한 상호작용

'명령'이란 일반적으로 권위 있는 인물이나 집단이 내리는 지시 또는 요구를 의미한다. 명령은 단순히 어떤 행동을 요구하는 것이 아니라, 그것이 반드시 수행되어야 한다는 강제적인 성격을 지닌다. 예를 들어, 군대에서 상관이 부하에게 내리는 명령은 그 자체로 법적, 도덕적 강제력을 가진다. 이 명령을 수행하지 않으면 규율을 어기는 것이 되며, 사회적 또는 법적 처벌을 받을 수 있다.

명령의 정의: 지시와 권위의 발현

명령은 그 자체로 권위에 의해 뒷받침된다. 권위는 그 지시를 따르는 이유를 제공하는데, 이는 단순히 명령을 내리는 자의 힘이나 위치 때문만이 아니라, 명령이 어떤 목적을 달성하기 위한 합리적이고 정당한 이유를 가지고 있을 때 더욱 강력한 정당성을 가진다. '명령'은 반드시 상위 권위자로부터 하위 개체에게 내려지는 것이 아니라, 상황이나 관계의 특성에 따라 다양한 형태로 나타날 수 있다. 예를 들어, 부모가 자식에게 내리는 지시나, 지도자가 대중에게 전달하는 메시지도 넓은 의미에서 '명령'으로 볼 수 있다.

복종의 정의: 권위에 대한 따름과 그 이면의 심리적 과정

'복종'은 명령을 따르는 행위로 정의된다. 하지만 복종은 단순한 순응 이상의 의미를 가진다. 복종은 심리학적으로 내적 동기와 외적 압박이 결합된 복잡한 행동 양식이다. 인간은 종종 자신이 따르는 명령이 올바르거나 필요하다고 믿을 때 복종하게 된다. 때로는 명령이 부당하다고 느껴도 사회적 규범이나 법적 의무, 또는 개인적인 신뢰 관계 때문에 복종할 수 있다.

복종의 심리학적 측면에서 중요한 것은 상호작용이다. 어떤 명령이 내려지면, 복종하는 자는 그 명령이 무엇을 의미하는지, 왜 따라야 하는지를 인식하려 한다. 때로는 명령을 내린 자의 신뢰와 권위가 복종을 결정짓기도 한다. 또한, 밀그램의 실험에서 나타난 것처럼, 사람들은 심지어 자신이 믿는 도덕적 기준에 어긋나는 행동을 명령이란 이유로 따를 수 있다는 점에서 복종은 매우 강력한 사회적, 심리적 힘을 발휘한다.

명령과 복종의 관계: 힘과 신뢰의 상호작용

'명령'과 '복종'은 단순히 권력의 행사와 따름의 문제만은 아니다. 이들은 서로 상호작용하며, 한쪽의 변화는 다른 쪽에 큰 영향을 미친다. 명령을 내리는 사람은 자신의 권위를 확보해야 하고, 복종하는 사람은 그 명령이 합당한 지, 자신의 가치와 어떻게 연결되는지를 고민한다. 명령이 부당하거나 비합리적일 경우, 복종자는 저항하거나 복종을 거부할 수 있다. 그러나 복종이 강요된 상황에서는 상호 신뢰의 부족이나 갈등이 발생할 수 있다.

결국, 명령과 복종은 단순한 지시와 순응의 관계를 넘어서, 그 이면에 있는 권위, 신뢰, 윤리적 판단과 깊은 연관이 있다. 명령은 그 자체로 강제력이 있지만, 복종은 그 강제력 뒤에 있는 합리성이나 도덕적 정당성에 따라 달라질 수 있다. 이러한 관계는 다양한 사회적, 정치적, 심리적 맥락 속에서 계속해서 진화하고 변화하며, 우리가 명령과 복종의 본질을 이해하는 데 중요한 기준을 제공한다.

명령과 복종: 단순한 행동이 아니다

명령과 복종의 관계는 단순히 권력의 행사와 그에 대한 반응을 넘어, 사람들의 의식, 심리, 윤리적 가치와 깊게 연결된 복잡한 상호작용이다. 우리가 명령을 내리고 복종하는 이유는 단순히 '지시'와 '따름'이라는 단어로 정의할 수 있는 것이 아니다. 이 관계는 사회적 규범과 심리적 동기, 개인의 도덕적 판단이 얽힌 다층적인 과정이며, 그 의미는 시대와 문화에 따라 달라질 수 있다.

3

군대와 경찰에서의 명령과 복종 원칙: 명령의 권위와 그로 인한 결과

군대와 경찰은 각기 다른 특성을 지닌 두 조직이지만, 명령과 복종의 원칙에서 공통적으로 중요한 점은 바로 위계질서와 조직의 효율성을 보장하는 것에 있다. 이 두 집단에서의 명령과 복종은 단순히 권위적 관계로 볼 수 없으며, 생명과 사회의 질서를 지키기 위한 강력한 체계적 필요에 뿌리를 두고 있다.

군대에서의 명령과 복종 원칙: 생명과 죽음을 가르는 질서

군대에서의 명령과 복종은 전투의 효율성과 생존을 위한 필수적인 요소로 작용한다. 군대의 기본 원칙 중 하나는 '상명하복'이며, 이는 군의 조직을 지탱하는 근본적인 원칙이다. 군대에서 명령을 내리는 지휘관은 전술적 판단과 전략적 필요를 기준으로 명령을 내리며, 병사는 그 명령을 복종함으로써 단체의 생존과 임무 수행을 보장한다.

군대에서의 명령은 결코 단순한 요청이 아니다. 명령을 따르지 않으면 조직 내에서 혼란과 무질서가 초래되고, 이는 직접적인 생명 위협으로 이어질 수 있다. 예를 들어, 전투 중에는 각 병사가 명령을 빠르게 이해하고 신속히 실행해야 한다. 군대의 명령은 그 자체로 즉각적이고 절대적인 성격을 띤다. 그 결과, 군인들은 명령이 무엇이든지 상관없이 복종해야 하며, 이는 훈련을 통해 본능적인 반응으로 내재화된다.

하지만 군대 내에서도 복종은 윤리적, 법적 한계가 존재한다. 예를 들어, 전쟁 중 명령이 부당하거나 인간으로서의 도덕적 기준에 어긋날 때, 군인은 명령 거부 또는 저항할 수 있는 법적 근거를 가지기도 한다. 그러나 군대의 명령 복종 원칙은 항상 명확하게 정의된 상명하복의 규칙과 규율을 지키기 위한 강력한 압박이 따른다.

경찰에서의 명령과 복종 원칙: 법의 수호와 공공의 질서

경찰은 군대와는 다르게 일상적인 사회 질서 유지를 담당하는 기관이지만, 여전히 명령과 복종의 원칙을 강하게 따르는 조직이다. 경찰에서는 상위 경찰관이 하위 경찰관에게 명령을 내리며, 그 명령은 법적이고 윤리적인 지침에 따라 실행되어야 한다. 경찰의 명령은 공공의 안전과 법의 집행을 위한 필수적인 수단으로, 이는 법의 권위와 사회적 신뢰를 유지하기 위해 필요하다.

경찰의 명령과 복종은 법적 정당성을 바탕으로 한다. 경찰이 내리는 명령은 법을 집행하는 과정에서 나오는 것이며, 시민의 권리와 자유를 침해하지 않도록 해야 한다. 따라서 경찰은 명령을 내릴 때 그 명령이 합법적이고 정당한 이유에 의해 이루어졌는지를 고려해야 한다. 경찰이 불법적인 명령을 내리거나, 그 명령이 과도한 폭력을 포함할 경우, 복종하는 경찰관은 법적으로 처벌을 받을 수 있다.

경찰 내에서 명령을 따르는 이유는 사회적 안전을 보장하고, 법질서를 지키기 위한 것이다. 그러나 경찰의 명령도 윤리적 기준을 넘어설 수 없으며, 이는 시민의 권리 보호와 밀접하게 연결된다. 경찰이 시민을 체포하거나, 강력한 조치를 취할 때 그 명령이 법적 정당성을 갖추지 않으면, 경찰관도 법적 책임을 질 수 있다.

군대와 경찰에서의 명령과 복종의 공통점과 차이점

공통점은 군대와 경찰 모두 명령과 복종을 통해 효율적인 조직 운영과 사회적 질서 유지를 도모한다. 법적 및 윤리적 근거로는 두 조직 모두 명령을 내리는 데 있어 법적 정당성과 윤리적 책임을 고려해야 한다. 생명과 사회적 안전이 우선시되어야 한다. 군대에서는 생명의 존엄을, 경찰에서는 사회의 안전과 질서를 지키기 위한 명령 복종이 이루어진다.

차이점은 군대는 전투와 생존을 위한 조직으로, 명령과 복종은 직접적인 전투 상황에 영향을 미친다. 반면 경찰은 사회의 법과 질서를 지키는 역할을 하며, 주로 일상적인 법 집행에서 명령과 복종이 필요하다. 명령의 성격은 군대에서의 명령은 대체로 강제적이고 즉각적이며, 생명과 직결된 상황에서 이루어진다. 반면 경찰에서는 법적 절차에 따라 명령이 내려지고, 그 실행은 법적 근거와 인권을 고려해야 한다.

명령과 복종의 원칙: 생명과 질서의 보루

군대와 경찰에서 명령과 복종은 단순히 권위적 관계를 넘어서, 각각의 조직이 목표를 달성하고 사회적 책임을 다하기 위한 필수적인 원칙이다. 군대에서는 명령을 따르는 것이 전쟁의 승패를 가를 수 있는 문제이고, 경찰에서는 시민의 안전과 법을 수호하는 중요한 임무를 수행하는 일이다. 그 과정에서 명령을 따르는 사람은 법적 정당성과 윤리적 책임을 함께 고려하며, 그 복종이 개인과 사회 전체에 미치는 영향을 깊이 인식해야 한다.

4

법적 정당행위와 복종의 관계: 권위와 책임의 경계

법적 정당행위와 복종은 종종 긴밀하게 연결되지만, 그 사이에는 미묘한 경계가 존재한다. 한편으로는 권위에 따른 복종이 개인의 행동을 정당화하는 경우가 있지만, 다른 한편으로는 그 복종이 윤리적, 법적 책임을 수반하는 중요한 문제로 발전할 수 있다. 특히 군대나 경찰과 같은 강력한 위계질서를 가진 조직에서, 명령에 따른 복종이 법적 정당행위로 간주되는지의 여부는 자주 논란이 된다.

법적 정당행위의 정의와 복종

법적 정당행위는 법적으로 인정된 범위 내에서 이루어진 행위를 의미한다. 이는 법이 허용하는 범위에서 개인이나 집단이 행동하는 것을 뜻하며, 일반적으로 합법성과 필요성이 충족되었을 때 정당한 행위로 인정받는다. 예를 들어, 군대에서 전시 명령을 따르거나 경찰이 법 집행을 위해 물리적 강제력을 행사하는 경우가 이에 해당한다. 복종은 이와 같은 명령을 따르는 행위로, 복종이 법적 정당행위로 간주되기 위해서는 그 명령이 합법적이고 윤리적으로 정당해야 한다.

복종과 법적 정당행위의 상호작용

군대와 경찰에서 명령을 따르는 것은 명령 복종의 기본적인 원칙이다. 그러나 이 복종이 법적 정당행위로 인정받는지는 중요한 문제이다. 불법적인 명령에 복종하는 것은 법적 책임을 수반할 수 있다. 예를 들어, 전쟁범죄나 인권 침해와 관련된 명령에 복종하는 경우, 그 행위는 불법으로 간주되며, 복종한 자도 법적 처벌을 받을 수 있다.

명령을 따르는 복종이 법적 정당행위가 되는 경우

명령을 따르는 복종이 법적 정당행위로 인정받는 경우는 그 명령이 법적 절차와 원칙에 부합하는 경우다. 예를 들어, 경찰이 범죄자를 체포하거나, 군대가 전시 상황에서 국가 방위를 위해 명령을 내릴 때 그 명령은 법적으로 정당화된다. 이러한 명령에 대한 복종은 법적 권한을 기반으로 하며, 복종한 행동은 합법적이고 필요한 조치로 평가된다.

불법적인 명령에 대한 복종: 법적 책임과 윤리적 갈등

그러나 만약 명령이 불법적이거나 부당하다면, 이를 따르는 복종은 법적 책임을 초래할 수 있다. 예를 들어, 군대에서 상관이 불법적인 명령을 내리거나, 경찰이 인권을 침해하는 행위를 지시할 때, 그 명령에 복종하는 것이 법적 정당행위가 되지 않는다. 이런 상황에서 명령을 따른 자도 그 행위에 대해 법적 처벌을 받을 수 있다.

이때 중요한 점은 법적 정당행위가 단순히 명령을 따르는 것만으로 성립되지 않는다는 것이다. 명령이 불법적이거나 인권을 침해하는 경우, 명령을 내린 사람만이 처벌을 받는 것이 아니라 복종한 사람도 그 행위에 대해 법적 책임을 질 수 있다. 법적 정당행위는 단순히 명령의 복종으로 결정되지 않고, 명령의 합법성과 그 명령을 따른 사람의 윤리적, 법적 판단이 중요하다.

복종의 한계와 개인의 윤리적 판단

복종의 한계는 개인이 자신의 윤리적 판단을 내릴 때 드러난다. 군대나 경찰에서의 복종이 법적으로 정당화되기 위해서는, 명령이 합법적이어야 할 뿐만 아니라, 개인은 자신의 행동에 대한 책임을 져야 한다. 역사적인 사례들을 보면, 나치 독일의 전범 재판에서 명령을 따른 병사들도 인간으로서의 도덕적 책임을 묻는 경우가 있었다. 이는 명령을 따르는 것만으로 정당성을 확보할 수 없다는 중요한 교훈을 남긴다. 에드워드 1세의 군대에서 명령을 따르며 무고한 민간인 학살에 가담한 병사들이 그들의 복종을 이유로 처벌을 받았던 일은, 복종이 곧 정당화되지 않는 현실을 잘 보여준다. 이처럼 법적 정당행위는 명령의 불법성을 떠나, 명령을 따른 사람의 윤리적 판단과 법적 책임을 중요하게 여긴다.

법적 정당행위로써의 복종, 그 경계를 넘어서는 책임

법적 정당행위와 복종은 본질적으로 긴밀히 연결되어 있지만, 그 관계는 복잡하다. 복종이 반드시 법적 정당행위로 인정되는 것은 아니며, 불법적인 명령에 복종한 사람도 그 행위에 대해 법적 책임을 져야 할 수 있다. 이는 명령에 따른 책임이 단순히 권위에 대한 복종에서 그치는 것이 아니라, 법과 윤리의 기준에 맞춰야 한다는 점을 시사한다. 법적 정당행위로써 복종은 합법적이고 윤리적으로 정당한 명령을 따를 때만 가능하며, 복종자 역시 그 행위의 법적 책임을 분명히 인식해야 한다는 중요한 메시지를 남긴다.

5

윤리적 차원에서의 복종: 법과 도덕 사이

복종의 개념은 단순히 명령을 따르는 행동을 넘어서, 윤리적 차원에서 깊은 고민을 유발하는 주제이다. 법적 복종이란 명령이 합법적일 때 따르는 것이며, 윤리적 복종은 그 명령이 도덕적으로 옳은지에 대한 판단을 포함한다. 이 두 차원 사이에는 중요한 차이가 존재한다. 법은 사회적 질서와 규범을 지키기 위한 기준을 제공하지만, 도덕은 인간 존재의 본질적인 가치와 행동 기준을 제시한다. 그렇다면 우리는 법과 도덕이 충돌할 때, 복종이란 어떤 의미를 지니며, 그 경계는 어디에 있을까?

법적 복종과 윤리적 복종: 차이점

법적 복종은 법에 의해 정해진 규칙에 따르는 것이다. 법은 국가의 규범 체계에서 확립된 명확한 기준에 따라 정의되고, 이 기준에 따라 개인은 행동한다. 법적인 명령에 복종하는 것은 사회적 질서와 공공의 안녕을 유지하기 위한 기본적인 의무로 여겨진다. 법적 복종은 기본적으로 외부 권위에 대한 반응이며, 그것이 합법적이고 공정한지 여부는 그 자체의 효력에 영향을 미친다. 예를 들어, 법원이 내린 판결에 따라 행동하는 경찰이 있다면, 그 복종은 법적으로 정당화될 수 있다.

반면, 윤리적 복종은 단순히 법에 대한 순응이 아니라, 도덕적 판단에 따른 복종을 의미한다. 윤리적 차원에서 복종은 그 명령이나 행위가 인간 존엄성과 정의, 공정성 등 도덕적 기준에 부합하는지를 먼저 고려한다. 따라서 윤리적 복종은 내적인 동기와 자신의 도덕적 가치에 따라 행동하는 것이다. 이 과정에서 중요한 점은, 법이 정의롭지 않거나 부당한 요구를 할 때, 도덕적인 기준에서 그 법을 따르지 않기로 결정할 수 있다는 것이다.

법과 도덕의 충돌: 윤리적 복종의 어려움

법과 도덕이 충돌하는 상황에서, 윤리적 복종은 때때로 큰 딜레마에 직면한다. 나치 독일의 시대를 예로 들 수 있다. 당시의 법률은 유대인과 정치적 반대자들을 탄압하는 내용을 포함하고 있었고, 이를 따른 경찰과 군인들은 법적으로는 복종했지만, 도덕적으로는 큰 비난을 받았다. 그들의 복종은 법의 명령을 따른 것이었지만, 도덕적 정의와는 상반되는 행동이었다.

이렇듯, 법이 도덕적 기준에 부합하지 않을 때, 법을 따르는 것이 반드시 윤리적인 행동이 되지 않을 수 있다는 점이 중요하다. 예를 들어, 시민불복종의 개념은 바로 이런 맥락에서 등장한다. 마틴 루터 킹이나 간디 같은 인물들은 부당한 법에 맞서 싸우면서, 법을 어기고 도덕적 의무를 다하려 했다. 그들은 법을 따르지 않음으로써 도덕적 복종을 실천했다고 할 수 있다.

윤리적 복종의 기준: 내면의 가치와 사회적 책임

윤리적 차원에서 복종이란 단지 법의 명령을 따르는 것이 아니라, 개인이 내면적으로 느끼는 도덕적 책임감을 따른다는 것이다. 이때 중요한 기준은 인간의 존엄성, 공정성, 정의와 같은 보편적인 가치들이다. 군대에서의 명령이나 경찰의 법 집행처럼, 명령을 따르는 자는 법적 명령을 수행할 의무가 있지만, 그 명령이 인간 존엄성과 인권을 침해하는 경우, 윤리적 차원에서 그 복종을 거부할 수도 있다.

이러한 윤리적 복종의 개념은 현대 사회에서도 중요한 논의 거리다. 이민자 보호법, 환경 보호법, 사회적 약자 보호와 관련된 법들이 법적 복종을 요구하는 반면, 도덕적 기준에서는 이를 비판하거나 변화를 촉구하는 움직임이 발생한다. 개인은 자신이 속한 사회의 법을 따르되, 그 법이 불공정하거나 부당하다고 여길 때, 윤리적 기준을 토대로 법에 대한 복종을 거부할 수 있는 능력을 갖추어야 한다.

복종의 윤리적 경계: 개인의 도덕적 자율성

결국 윤리적 복종은 개인의 도덕적 자율성을 중시하는 개념이다. 복종의 기준은 외부의 권위가 아니라, 내적인 도덕적 판단에 의해 설정된다. 인간은 법을 따를 의무가 있지만, 그 법이 부당하거나 부정의 적일 경우, 도덕적 자율성을 바탕으로 법에 대한 거부를 통해 더 큰 선을 추구할 수 있다.

법과 도덕: 복종의 윤리적 경계

윤리적 복종은 법과 도덕 사이에서 균형을 이루는 과정이다. 법은 사회적 질서를 유지하는 데 중요한 역할을 하지만, 때로는 도덕적 가치와 충돌할 수 있다. 법과 도덕이 충돌할 때, 윤리적 복종은 단순히 명령을 따르는 것이 아니라, 자신의 내면적 가치와 도덕적 기준에 따라 행동하는 것을 의미한다. 복종은 법적 의무와 도덕적 책임이 교차하는 지점에서, 개인의 자유 의지와 윤리적 판단을 요구하는 중요한 문제임을 이해해야 한다. 이 과정에서 인간은 법을 따르는 것만으로는 부족하며, 도덕적 기준에 부합하는 복종을 통해 보다 높은 사회적 정의를 실현할 수 있다는 중요한 메시지를 전한다.

6

위법한 명령,
그리고 그에 따른 책임

명령을 따르는 것과 그 명령이 위법일 때의 책임 사이의 복잡한 관계를
조명한다. 우리는 종종 법적 명령이나 권위자의 지시가 무조건적으로
따를 필요가 있다고 생각하지만, 실제로 이러한 명령이 위법적일 때, 그
에 대한 책임은 누가 질 것인지에 대한 물음이 등장한다. 위법한 명령을
따르는 것이 개인이나 집단에게 심각한 윤리적, 법적 결과를 초래할 수
있다는 점에서, 이 주제는 단순한 법리적 문제를 넘어서 도덕적 딜레마
와 사회적 책임에 대한 심도 깊은 논의를 이끌어낸다.

우리는 역사 속에서 위법한 명령이 어떤 대가를 치르게 했는지 그리
고 개인들이 그 명령에 따라 행동했을 때 어떤 도덕적 갈등을 겪었는지,
또한 책임의 범위가 어떻게 규명되는지 살펴볼 것이다. 예를 들어, 나치
독일 하의 홀로코스트에서 군인들은 위법한 명령을 따르는 것에 대한
책임을 어떻게 지게 되었는지, 그리고 군사 법정에서는 어떤 기준으로
명령 복종이 정당화되었는지를 분석할 것이다. 또한, 현대의 군대와 경
찰, 기업 등에서 위법한 명령을 따랐을 때 책임 소재를 어떻게 판별하는
지에 대한 실질적인 법적 사례를 제시하며, 독자에게 이 문제의 복잡성
을 명확히 전달하려 한다.

명령이 위법한 경우의 법적 판단

명령이 위법한 경우, 그에 대한 법적 판단은 단순히 "복종이 잘못되었는가?"를 넘어서, 권위와 책임이 어떻게 상호작용하는지에 대한 심오한 논의를 요구한다. 일반적으로, 법적인 관점에서 명령에 복종하는 것은 무조건적으로 합법적인 행동으로 간주되곤 하지만, 명령이 위법인 경우에는 상황이 달라진다. 이 장에서는 위법한 명령에 대한 법적 판단이 어떻게 이루어지는지, 그리고 명령 복종이 법적 책임으로 이어지는 복잡한 경로를 탐구한다. '상명하복' 원칙에 따른 복종이 반드시 정당화될 수 있는 것은 아니다. 명령이 위법이라면, 명령을 내린 자와 그 명령을 실행한 자 각각의 법적 책임이 따를 수 있다. 예를 들어, 군대나 경찰에서 불법적 명령을 따르는 경우, 이는 불법행위로 간주되며, 복종한 자도 형사적 책임을 지게 될 수 있다. 하지만 이러한 책임의 범위는 개인의 인식 여부와 그 명령이 명백히 위법한 지의 여부에 따라 달라진다. "명령을 따랐다"는 사실만으로 그 책임을 회피할 수 있을까? 아니면 그 명령을 따를 때 '상식'이나 '법률'을 어긴 것인지에 대한 판단이 중요한 포인트가 된다.

법적 판단에서 중요한 점은 명령을 이행할 때의 상황과 맥락을 고려하는 것이다. 군대나 경찰의 경우, 명령을 따를 때 강제적 상황에서 따르는 경우가 많지만, 그 명령이 불법적이거나 비윤리적이라면 책임을 피할 수 없다는 원칙이 점차 확립되었다. 특히 국제법과 인권법에서는 자유의지에 따른 판단을 중요시하며, 불법 명령에 대한 복종을 범죄 행위로 간주한다.

법적 책임의 분배는 위법한 명령에 대한 법적 판단에서 가장 중요한 것은 책임을 누구에게 묻는가이다. 명령을 내린 자와 그 명령을 실행한

자의 책임을 명확히 구분해야 한다. 일반적으로, 법적 체계는 명령을 내린 자가 주요 책임을 진다고 보지만, 복종한 자도 책임에서 자유롭지 않다. '상명하복' 원칙이 아무리 중요한 군대나 경찰 조직 내에 서라 하더라도, 명백히 위법한 명령을 실행한 경우 그 명령을 따르면서도 법적 책임을 질 수 있다. 특히 국제법에서는 전범 재판을 통해 이를 명확히 했다.

국제 전범 재판에서 아이히만 사건을 예로 들면, 그는 나치 독일의 명령을 따르며 홀로코스트의 실행을 돕게 되었지만, 법원은 그가 단순한 명령 수행자일 뿐만 아니라, 자기 판단 없이 행동한 것이 결국 인류에 대한 범죄라고 판결하였다. 이는 개인의 도덕적 책임과 법적 책임이 어떻게 결합되는지를 보여주는 사례다. 아이히만은 법적 의무가 인간의 도덕적 선택을 압도할 수 없음을 스스로 증명한 셈이다.

법과 도덕의 경계에는 법적 책임을 묻는 데 있어 도덕적 판단이 중요한 이유는, 법이 항상 도덕적 완전함을 요구하지 않기 때문이다. 그러나 위법한 명령을 따르는 행위에 대한 판단은 도덕적 기준이 법적 판단에 영향을 미칠 수 있음을 보여준다. 법은 위법 명령을 수행한 자를 처벌할 수 있지만, 그 복종이 도덕적 의미에서 비판받을 수 있느냐는 다른 문제다. 예를 들어, 전쟁 범죄에서 군인은 때때로 상관의 명령을 따르기 위해 범죄를 저지르게 되며, 그 복종이 도덕적으로 문제가 될 수 있지만, 법적으로는 처벌을 면할 수도 있다. 그러나 현대 법체계에서는 윤리적 기준도 법적 판단에 중요한 영향을 미친다. 예시로, 나치 전범 재판에서 명령을 수행한 군인들이 자신의 도덕적 판단을 따라 명령을 거부했다면 그 결과가 달라졌을 수 있음을 암시한다. 법은 상명하복의 의무를 따르더라도, 그 명령이 도덕적으로 잘못된 것임을 인식했다면, 법은 그들의 책임을 경감할 수 있는 여지를 두고 있다.

7

명령을 수행한 자의
인식 여부

법적으로, 명령을 수행한 자가 위법성에 대한 명확한 인식을 가졌는지 여부는 법원이 판단하는 중요한 기준이 된다. 명령을 받은 자가 그 명령이 명백히 불법적이었다고 인식했다면, 법원은 그 사람의 책임을 명확히 규명할 수 있다. 그러나 명령을 수행한 자가 위법성에 대한 인식을 하지 못했다면, 법원은 그 상황을 고려하여 책임의 경중을 따지게 된다. 이러한 판단은 인식이 없던 사람이 처한 상황을 보다 공정하게 평가하는 방식이다.

인식 여부와 도덕적 책임

법적 책임과 함께, 도덕적 책임은 인식 여부와 밀접한 관련이 있다. 명령을 수행한 자가 명백한 불법성을 알았다면, 그 사람은 법적 책임을 넘어서 도덕적으로도 책임을 져야 한다. 도덕적 책임은 단지 법을 따르는 것 이상의 차원으로, 개인이 옳고 그름을 구별하고 선택할 수 있는 능력에 따라 달라진다. 명령을 수행한 자가 그 명령을 부도덕적이라고 느끼고 거부했어야 한다는 점에서, 그 사람은 도덕적으로 책임을 질 수 있다.

8

"상급자의 명령을
무조건 따르라"는 원칙의 한계

"상급자의 명령을 무조건 따르라"는 원칙은 군대, 경찰, 심지어 기업 조직과 같은 많은 집단에서 기본적인 행동 원칙으로 여겨진다. 그러나 이 원칙은 현실에서 종종 법적, 도덕적, 인간적인 갈등을 초래하며 그 한계가 명백하게 드러날 수 있다. '무조건 복종'이라는 이상적인 원칙 뒤에 숨겨진 모호성과 위험성은 때로는 비윤리적이고 위법적인 행동을 정당화하는 수단이 되기도 한다. 이 원칙이 내포한 문제점들을 살펴보며, 무조건적인 복종이 언제, 어떻게 한계를 맞게 되는지 탐구해 보자.

무비판적 복종의 위험성: 명령은 항상 옳은가?

"상급자의 명령을 무조건 따르라"는 명령 복종의 원칙은 본래 조직 내 질서를 유지하고 효율성을 높이기 위한 목적에서 유래했다. 그러나 이 원칙은 그 자체로 비판적 사고의 부재를 초래할 수 있다. 명령을 무조건 따르는 과정에서, 명령의 옳고 그름을 가릴 여지가 없어진다. 즉, 복종자는 명령이 법적, 도덕적으로 옳은지 아닌지를 생각할 기회 없이, 무비판적으로 명령을 수행하게 된다.

이로 인해, 상급자가 잘못된 판단을 내렸을 때 그 명령을 따른 사람은 그 책임을 모두 떠안게 된다. 전쟁 범죄나 인권 침해 사건에서 보듯이, 상급자의 명령을 따른 군인이나 경찰관이 자신의 행동이 불법임을 몰랐다고 주장하며 책임을 회피하는 경우가 많다. 그러나 역사적으로 보면, 명령을 따르는 것만으로 모든 책임을 피할 수는 없으며, 때로는 '윤리적 의무'가 법적 책임을 초과하는 경우도 존재한다.

윤리적 책임과 상급자의 명령: 인간적인 판단이 필요한 순간

"상급자의 명령을 무조건 따르라"는 원칙이 가장 큰 갈등을 일으키는 지점은 윤리적 판단과의 충돌이다. 예를 들어, 나치 독일의 홀로코스트와 같은 사건에서는 상급자의 명령을 따랐던 많은 사람들이 인간으로서의 도덕적 책임을 간과하고 무비판적으로 명령을 수행했다. 이는 단순히 상명하복의 원칙을 따르는 것만으로는 설명될 수 없는 문제다.

상급자의 명령이 비윤리적이거나 비인간적이라면, 복종자는 그 명령을 수행하는 동안 자신의 양심과 도덕적 가치에 대한 충돌을 경험할 수 있다. 이런 상황에서 무비판적으로 복종을 계속한다면, 자신뿐만 아니라 사회 전체에 대한 윤리적 책임을 무시하는 결과를 초래할 수 있다. 이는 결국 '무조건 복종'의 원칙이 윤리적 판단의 자유를 억제하는 위험을 내포하고 있다는 점을 시사한다.

법적 책임과 무조건 복종: 법적 책임을 회피할 수 있는가?

무조건적인 명령 복종은 법적 책임을 회피하는 방법이 될 수도 있지만, 이는 언제나 정당화될 수는 없다. 예를 들어, 전쟁 중에 전시 법을 위반한 명령을 내린 상급자에 대해, 명령을 수행한 부하가 "그냥 명령을 따랐다"라고 주장한다고 해서 법적 책임이 면제되는 것은 아니다. 국제

법이나 헌법이 명시하는 기본적인 인권과 법을 위반한 경우, 상급자의 명령에 복종한 하급자도 법적 처벌을 받을 수 있다.

이러한 사례에서, 법원은 "상급자의 명령을 따랐다"는 이유만으로 법적 책임을 면제해주지 않고, 하급자가 그 명령을 알고도 따랐다면 법적으로 책임을 져야 한다고 판단한다. 즉, 법의 적용 범위 내에서는 "상급자의 명령을 무조건 따른다"는 원칙이 법적 면책 사유가 되지 않음을 보여준다.

무조건 복종의 한계와 현대 사회의 비판적 사고

현대 사회에서는 상급자의 명령을 따르는 것이 항상 정당한 행위로 여겨지지 않는다. 정보화 사회에서는 개개인이 더 많은 정보를 접할 수 있고, 그 정보에 대한 비판적 사고를 바탕으로 개인적인 결정을 내릴 수 있는 능력을 지니게 된다. 이 때문에 과거와 달리, 개인적인 판단과 양심에 따른 선택이 더욱 중요한 역할을 한다.

오늘날 많은 조직에서 명령을 무조건 따르기보다는, 자기 주도적이고 비판적인 사고를 통해 문제를 해결하려는 노력을 강조한다. 특히 직장 내 윤리적 문제나 군대 내 부조리를 다룰 때, 단순히 명령을 따르는 것만으로는 도덕적, 법적 책임을 피할 수 없다는 인식이 커지고 있다. 결국, 명령을 따르되, 그것이 윤리적이고 법적으로 적합한지 스스로 판단하는 자세가 중요하다.

"무조건 따르라"는 원칙의 한계를 넘어서

"상급자의 명령을 무조건 따르라"는 원칙은 그 자체로 조직 내 질서와 효율성을 유지하는 데 중요한 역할을 하기도 한다. 하지만 이 원칙의 한계는 법적, 윤리적 문제와 맞닿아 있으며, 무비판적인 복종은 때로 사회적으로 큰 피해를 초래할 수 있다. 과거의 역사적 사건들이 이를 잘 증명해 주고 있으며, 현대 사회에서는 그 한계를 명확히 인식하고 개인의 윤리적 판단과 법적 의무를 함께 고려하는 새로운 기준이 필요하다. 결국, 명령을 수행하는 사람은 무조건적으로 복종하는 존재가 아니라, 자신의 행동에 대한 책임을 져야 하는 존재로서, 상급자의 명령과 자신의 양심을 동시에 고려하는 신중한 태도가 요구된다.

9

위법한 명령에 따른 복종, 그 법적 책임

위법한 명령에 따른 행위에서 형사책임이 어떻게 부과되는지는 법적, 윤리적 측면에서 중요한 논점이다. "상급자의 명령을 따랐다"는 이유로 행위자의 책임이 면제될 수 있는가? 아니면 복종이 위법한 행위라면 그것이 개인의 책임을 면책시킬 수 있는 근거가 되는가? 이러한 문제는 군대, 경찰, 기업, 국가기관 등 다양한 분야에서 빈번하게 논의되는 주제이다.

위법한 명령에 따른 행위의 형사책임

형사책임의 핵심 쟁점은, 위법한 명령을 따랐을 때 개인이 법적 책임을 지지 않는 상황을 정당화할 수 있는지 여부이다. 법적으로 명령을 따른 사람이 그 명령이 위법하다는 것을 알고 있었는지, 아니면 그 명령이 자신의 행동에 미칠 법적 결과를 이해했는지가 중요하게 다뤄진다.

명령의 위법성과 개인의 책임

형사법에서 상급자의 명령이 위법하더라도, 그것을 따르는 사람이 직접적인 책임을 면할 수 없는 경우가 많다. 법은 개인의 행위가 사회적 규범을 위반했을 때 이를 제재하려 한다. 만약 상급자의 명령이 불법적인 내용을 포함하고 있고, 이를 수행한 사람이 그 명령이 위법임을 알았거나 알 수 있었다면, 그 사람은 법적으로 그 결과에 대한 책임을 져야 한다.

복종의 자동 면책이 아닌 이유

"상급자의 명령을 무조건 따른다"는 원칙은 군대나 경찰과 같은 조직에서 강조되지만, 그것이 곧 법적 면책으로 이어지지는 않는다. 예를 들어, 전쟁 범죄나 인권 침해와 같은 상황에서, 명령을 따르지 않으면 처벌받을 수 있는 상황일지라도, 법적 책임을 면하기 위해서는 그 명령이 법적으로 정당화될 수 있어야 한다. 명령을 따르는 행동이 명백한 범죄에 해당할 때, 법은 개인이 그 명령을 따랐다는 이유만으로 면책을 인정하지 않는다.

상급자의 불법적 의도와 부하의 책임

명령이 불법적 의도를 포함한 경우, 복종자의 책임도 달라진다. 만약 상급자가 부하에게 명백히 불법적인 일을 지시했다면, 복종자는 자신의 도덕적, 법적 책임을 회피할 수 없다. 상급자의 명령이 불법적이었다면, 복종자가 법을 위반하고 있다는 사실을 알았어야 하며, 이는 형사책임을 피할 수 없음을 의미한다.

형사법의 판례와 실제 사례

실제 법원에서 위법한 명령에 따른 행위에 대해 형사책임이 어떻게 적용되었는지 살펴보면, 법원의 판단은 매우 세밀하다. 예를 들어, 독일의 나치 전범 재판에서는 상급자의 명령을 따랐던 부하들에게 인도법과 인권법에 근거한 책임을 부과하였다. 또한, 군사재판에서 복종자가 그 명령이 위법임을 알지 못했다 하더라도, 상황에 따라 개인의 판단과 법적 기준을 통해 책임이 부과되기도 했다.

복종의 결과로써 형사책임이 인정될 수 있는 경우

위법한 명령을 수행한 사람이 범죄를 저지르게 되면, 그것은 형법에서 규정한 바에 따라 형사책임을 지게 된다. 예를 들어, 명령을 수행한 결과로 인명 피해나 재산 피해가 발생했을 경우, 그 명령을 따랐던 사람은 그 책임을 지게 될 수 있다. 이 경우, 정당한 이유나 긴급한 상황이 아니라면, 위법한 명령을 수행한 사람도 결과에 대해 책임을 져야 한다는 점에서 법의 엄격한 판단을 받게 된다.

10

명령자의 불법적 의도와
부하의 책임

위법한 명령을 따를 때, 명령을 내린 상급자의 불법적 의도와 그것을 복종한 부하의 책임은 법적으로 중요한 문제다. 이 문제는 한 사람의 행동이 어떻게 법적 책임을 불러일으킬 수 있는지를 결정하는 핵심 요소로, 상급자와 부하의 관계를 넘어 개인적인 윤리, 법의 정의, 사회적 책임에 대한 깊은 논의를 포함한다.

명령자의 불법적 의도

명령자가 불법적인 의도로 명령을 내릴 경우, 그 명령은 단순한 직무 수행을 넘어서 범죄를 저지르려는 불법적 목적을 띠게 된다. 예를 들어, 상급자가 부하에게 불법적인 행동을 강요하거나 범죄를 지시하는 상황에서 명령자는 그 자체로 불법적 책임을 지게 된다. 명령의 불법성이 명확하다면, 부하가 그 명령을 따르는 것 역시 법적으로 부정될 수 있다.

부하의 법적 책임

부하가 명령을 따를 때, 그 명령이 위법임을 알고 있었다면 법적 책임을 피할 수 없다. "명령을 따른 것만으로 책임이 면제된다"는 것은 법적으로 인정되지 않으며, 부하는 명령의 불법성을 알면서도 그 명령을 수행했다면 그 결과에 대해 책임을 져야 한다. 만약 부하가 명령자의 불법적 의도를 알고 있었다면, 그 역시 공모자로서 책임을 지게 될 수 있다.

부하가 명령을 따르지 않으면 처벌받을 위험이 있을지라도, 명령을 수행함으로써 발생하는 불법적 결과에 대한 책임은 단순히 명령을 따른 행위만으로 면제되지 않는다. 부하가 자신의 행동에 대한 도덕적, 법적 책임을 완전히 면제받는 것은 아니며, 명령을 따르면서도 불법성을 인식하거나 그에 대한 의심을 가졌다면 책임은 복잡하게 분담될 수 있다.

부하의 도덕적, 법적 선택

명령을 따르는 행위에서 부하는 윤리적 선택을 해야 한다. 불법적인 명령을 수행할 경우, 부하는 그 행동이 법적으로 정의된 것과는 별개로 도덕적으로도 문제가 될 수 있다는 사실을 인식해야 한다. "내가 시켰다"는 이유만으로 불법적인 행동을 했다는 것은 용납될 수 없다는 법의 기초적인 원칙은 복종의 의미를 다시 한번 생각하게 만든다.

법적 예외와 면책 이론

모든 경우에 복종자가 법적 책임을 진다고 해서 복종 자체가 전적으로 부정적인 의미를 지니는 것은 아니다. 예를 들어, 긴급피난이나 강요된 상황에서는 명령을 따랐다 하더라도 법적으로 책임을 면할 수 있는 이론이 적용될 수 있다. 이런 경우 부하가 명령을 따르지 않으면 더 큰 피해나 위기가 발생할 수 있는 상황에서, 법은 부하의 행동을 상대적인 위법성으로 판단할 수 있다.

예를 들어, 전쟁 상황에서 상급자가 부하에게 불법적인 명령을 내리면, 부하가 자신의 생명을 지키기 위해 그 명령을 따를 수 있는 경우, 법적 판단은 강요된 상황이라는 이유로 부분적인 면책을 인정할 수 있다. 그러나 이 경우에도 위법성이 너무 명백하거나 상급자의 의도가 명확히 범죄적일 때는 면책이 인정되지 않는다.

사회적, 윤리적 책임

부하가 명령을 따를 때, 명령자의 불법적 의도를 알고 있었다면 그 책임은 단순히 법적인 문제를 넘어서 사회적 윤리적 책임에 대한 큰 논란을 일으킬 수 있다. 인간 존엄성과 법의 권위를 지키는 데 있어, 부하의 책임은 개인의 양심과 사회적 가치에 대한 무거운 책무를 동반한다. 부하가 명령을 따른 행동이 사회적으로 부정적인 영향을 미칠 수 있다면, 이는 단지 법적인 처벌을 넘어, 그 사람이 속한 사회의 도덕적 기준에 의해 재조명될 수 있다.

결론적으로 부하가 명령자의 불법적 의도를 알고 있었다면, 그 명령을 따른 부하도 법적 책임을 져야 한다는 점에서, 위법한 명령에 대한 법적 책임은 단순히 "상급자가 시켰기 때문에"라는 이유로 면제되지 않는다. 복종자의 도덕적 판단과 법적 의무는 불법적인 명령에 대한 책임을 결정하는 핵심적인 요소로 작용하며, 명령을 따르지 않는 것과 따랐을 때의 법적 결과는 분명히 구분되어야 한다. 이 과정에서 법은 개인의 판단을 존중하면서도 불법적인 행위를 결코 묵인하지 않는다는 중요한 메시지를 전달한다.

11

법적 책임의
구체적 적용 사례

법적 책임의 구체적 적용 사례는 이론적인 논의에서 벗어나, 실제 사건을 통해 법이 어떻게 작용하는지를 보여주는 중요한 부분이다. 특히 위법한 명령에 따른 복종과 관련된 사례들은 많은 이들에게 깊은 인상을 남기며, 법적 책임의 범위와 한계를 명확하게 이해하는 데 도움을 준다. 이러한 사례들은 법이 사회적 윤리, 정의와 어떻게 충돌하는지, 또 인간의 도덕적 선택이 법적 책임에 어떤 영향을 미치는지를 탐구하게 만든다.

나치 전범 재판: 아우슈비츠의 지시를 따른 SS 장교들

가장 유명한 위법한 명령에 따른 복종 사례 중 하나는 나치 전범 재판에서 등장한다. 제2차 세계대전 중, 아우슈비츠와 같은 강제 수용소에서 SS 장교들은 상급자의 명령을 받들어 수많은 유대인들을 학살했다. 전후 재판에서 일부 피고인들은 "상급자의 명령을 따랐다"는 이유로 자신들의 책임을 면하려 했지만, 국제법은 이를 '불법적인 명령'으로 판단하고, 이들을 처벌했다.

이 사례에서 중요한 점은, 명령자가 불법적인 의도를 가지고 있었음에도 불구하고 부하들이 명령을 따랐다는 것이다. 법원은 "명령을 따랐기 때문에 책임이 없다"는 주장을 거부하고, 명령자가 내린 지시가 명백히 불법적이었기 때문에 그 복종자는 법적 책임을 면할 수 없다고 판결했다. 이 사건은 "복종의 의미와 법적 책임"에 대해 중요한 선례를 남겼다.

미국의 My Lai 학살 (1968)

미국의 My Lai 학살 사건도 위법한 명령에 따른 복종이 어떻게 법적 책임을 발생시키는지 보여주는 사례다. 베트남 전쟁 중 미군은 마을에 대한 진압작전을 벌였고, 상급자의 명령에 의해 수백 명의 민간인이 무차별적으로 살해되었다. 당시 사건에 참여한 많은 군인들은 "상급자의 명령을 따랐다"는 이유로 책임을 회피하려 했지만, 법은 이를 인정하지 않았다.

이 사건에서 중요한 법적 쟁점은 명령에 의한 행동이 불법적 결과를 초래할 때 부하도 책임을 져야 한다는 점이다. 후에 해당 사건의 몇몇 군인은 전범으로 기소되었고, 법원은 "명령을 따른다는 이유만으로 책임을 면할 수 없다"는 판결을 내렸다. 이 판결은 전시 상황에서도 불법적 명령에 대한 복종이 법적 책임을 회피할 수 없다는 중요한 교훈을 남겼다.

국내 사례: 군에서의 불법적인 명령

한국에서도 군 내에서 불법적인 명령을 따랐을 때 법적 책임이 어떻게 적용되는지 보여주는 사례가 있다. 예를 들어, 군 상급자가 불법적인 폭력을 지시하거나, 군사 작전 중 민간인 피해를 초래하는 명령을 내렸을 경우, 하급자는 명령을 따르지 않을 경우 처벌을 받을 위험이 있지만, 명령을 따른 결과 발생한 불법적 행위에 대한 책임을 물을 수 있다.

이 경우에도 법은 "명령을 따랐다"는 이유로 책임을 면할 수 없다는 원칙을 확립했다. 즉, 명령이 불법적이었다면 복종자의 책임이 면제되지 않으며, 부하가 명령의 불법성을 인식했거나 그에 대해 의심을 품었으면 책임을 피할 수 없다는 것이다. 이는 군 조직 내에서의 상급자와 하급자의 명령 관계가 법적 책임에서 중요한 역할을 한다는 점을 보여준다.

사법부에서의 위법한 명령에 따른 법적 책임

한 가지 더 중요한 사례는 법원 내에서의 위법한 명령을 따랐을 경우의 법적 책임이다. 예를 들어, 법원이 불법적인 명령을 내리면, 판사나 법원 직원이 이를 따른 경우에도 법적 책임을 물을 수 있다. 일부 판사들이 법적 절차를 무시하고, 불법적인 판결을 내리거나 비밀리에 의혹을 일으킬 만한 결정을 내린 경우, 이러한 판결을 따랐던 법원 직원들은 법적 책임을 질 수 있다.

이 사례에서는 법원의 명령이 불법이라면 그 명령에 따르는 것이 어떤 법적 결과를 초래하는지를 명확하게 볼 수 있다. 법원 내부에서의 위법한 명령에 대한 법적 책임은 단순히 "판사의 지시를 따랐다"는 이유만으로 면제되지 않음을 보여준다.

복종과 법적 책임의 경계

위법한 명령을 따를 때 발생하는 법적 책임은 단순한 직무 수행을 넘어선다. 상급자가 내린 명령이 불법적인 경우, 부하는 그 명령에 따라 행동할 때 법적 책임을 질 수 있다. "명령을 따랐다"는 이유만으로 면제되는 것이 아니라, 명령의 불법성을 인식하거나 의심을 가졌다면, 그 책임을 물을 수 있다는 것이다. 법은 복종자의 도덕적, 법적 판단을 존중하면서도, 불법적인 행위를 결코 묵인하지 않는다.

따라서 법적 책임은 단순히 명령을 따랐다는 이유로 회피될 수 없으며, 명령이 불법적이었다면 그 결과에 대한 책임은 복종한 자에게도 부여된다는 점이 핵심이다. 이를 통해 우리는 법이 인간의 도덕적 판단과 사회적 책임을 어떻게 반영하는지, 그리고 명령을 따르는 것의 법적 의미가 무엇인지에 대해 더 깊은 이해를 얻을 수 있다.

12

명령과 복종:
형법 제20조와 정당행위 원칙

법에서 '명령'과 '복종'은 단순히 상급자가 하급자에게 지시를 내리고 그에 따라 행동하는 관계를 넘어서, 법적 책임과 윤리적 판단이 얽히는 복잡한 문제로 다뤄진다. 특히 형법 제20조와 정당행위 원칙은 이러한 명령과 복종에 대한 법적 경계를 정의하는 중요한 법리다. 이들 원칙은 "불법적인 명령을 따를 경우 어떻게 법적 책임이 따르는지"에 대해 명확하게 설명한다.

형법 제20조: 정당행위의 개념

형법 제20조는 '정당행위'에 대한 원칙을 규정하고 있다. 이 조문은 불법적인 행위가 정당한 사유에 의해 이루어진 경우, 즉 사회적, 법적 맥락에서 그 행위가 정당화될 수 있는 특별한 사유가 있을 때 형사처벌을 면할 수 있다는 내용을 담고 있다.

형법 제20조에서 다루는 두 가지 주요 요소는 다음과 같다.

위법성의 조각사유 이 조문에 따르면, 일반적으로 불법적인 행위라도 특별한 사유(예: 긴급피난, 자위권 등)가 있으면 그 행위는 정당한 것으로 인정되며, 이에 대한 법적 책임을 묻지 않는다.

법적·사회적 타당성 즉, 명령이 법적으로 정당하거나, 행위자가 자기 방어를 위한 정당한 행동을 했다면, 그 행위는 법적으로 인정될 수 있다.

명령과 복종: 정당행위 원칙의 적용

"명령을 따른 것"만으로 법적 책임을 피할 수 있는지에 대한 논의는 이 정당행위 원칙에서 중요한 문제를 제기한다. 일반적으로 상급자의 명령을 따르는 것은 직무를 수행하는 일상의 한 부분이지만, 그 명령이 불법적일 경우 상황은 달라진다. 예를 들어, 상급자가 '불법적인 행위'를 지시한다고 하더라도, 하급자는 그 명령을 따를 때 정당행위로써 면책될 수 있는지에 대한 문제는 핵심적인 쟁점이다.

정당행위가 인정될 수 있는 경우

형법 제20조가 정당행위로 인정하는 대표적인 사례는 긴급피난이나 자기 방어와 같은 상황이다. 예를 들어, 상급자가 하급자에게 자기 방어 차원에서 불법적인 명령을 내린다면, 그 명령을 따르는 부하가 법적 책임을 피할 수 있을 것이다. 예를 들어, 위급한 상황에서 상급자가 "적의 공격에 대비해 적군을 처치하라"라고 지시했다고 가정해 보자. 이 경우 부하가 명령을 따르며 적을 처치하는 것은 자기 방어의 정당행위로 인정될 수 있다.

하지만 정당행위로 인정되기 위해서는 명령이 법적으로 정당한 범위 내에서 이루어져야 한다는 점이 매우 중요하다. 단순히 명령을 따른다는 이유만으로 모든 행위가 정당화될 수 없다는 원칙은 법적 경계를 분명히 설정한다.

정당행위가 인정되지 않는 경우

형법 제20조에 따라 불법적인 명령을 따른 경우, 그 명령이 명백히 불법적이고 범죄적이라면, 부하가 그것을 수행했다고 해서 법적 책임을 면할 수는 없다. 예를 들어, 살인을 지시받고 이를 따랐다면, 그 명령을 수행한 사람은 정당행위로 면책될 수 없다. 이 경우, 상급자의 명령이 불법적이고 범죄적일 때, 부하는 단순히 "명령을 따랐다"는 이유만으로 책임을 면할 수 없다.

나치 전범 재판 사례로 본 정당행위의 적용

나치 전범 재판에서 많은 피고인들은 "상급자의 명령을 따랐다"는 이유로 면책을 주장했지만, 법원은 명령이 범죄적인 성격을 지닌 경우, 그 복종자가 법적 책임에서 벗어날 수 없다고 판결했다. 명령을 따른 행위가 불법적인 성격을 가질 때, 정당행위로 인정되지 않기 때문이다. 법은 "복종자 역시 불법성을 인식하고 있었다면 책임을 면할 수 없다"라고 판단하였다.

군사 작전에서의 불법적 명령

군사 작전에서 상급자가 부하에게 민간인을 공격하라는 명령을 내린다고 할 때, 이 명령을 따른 부하가 정당행위로 인정될 수 있는지에 대한 문제다. 상급자의 명령이 불법적이라면, 복종한 부하도 그 명령을 이행한 결과로 발생한 불법적 행위에 대해 법적 책임을 지게 된다. 예를 들어, 명백히 민간인을 대상으로 한 학살을 지시하는 명령은 정당행위로 인정될 수 없다.

정당행위 원칙의 법적 해석: 명령과 복종의 경계

형법 제20조의 정당행위 원칙은 명령을 따르는 사람의 법적 책임을 판단하는 데 중요한 기준을 제공한다. 불법적인 명령에 대해서는, 정당행위로 면책될 수 없는 경우가 많다. 이 원칙은 복종이 불법적 명령에 대한 면책을 보장하지 않으며, 불법성을 인식하거나 의심했을 경우 책임을 질 수 있다는 것을 명확히 한다.

명령과 복종의 법적 경계

형법 제20조와 정당행위 원칙은 명령과 복종의 관계에서 중요한 법적 경계를 설정한다. 명령을 따른 사람이 법적 책임에서 벗어날 수 있는 경우는 정당한 사유가 있을 때에 한정되며, 불법적인 명령을 따른다고 해서 책임이 면제되지는 않는다. 법은 상급자의 지시가 불법적이라면 그 복종자가 그로 인해 발생한 법적 결과에 대해서 책임을 지게 되며, 이를 통해 법의 정의와 윤리적 기준을 지키는 중요한 메시지를 전달한다.

13

위법한 명령에 대한 면책 이론:
긴급피난, 강요된 행위

법적 책임을 묻는 데 있어, 위법한 명령을 따르는 경우의 면책 여부는 매우 복잡하고 민감한 문제다. 특히 긴급피난이나 강요된 행위와 같은 특별한 상황에서 그 면책이 인정될 수 있는지에 대해 법리는 다양한 해석을 낳고 있다. 이런 이론은 법적 정의를 따지기보다는 그때그때 상황을 중심으로 윤리적, 사회적 기준을 세우려는 의도가 숨어 있는 흥미로운 문제이기도 하다.

긴급피난: 위법행위라도 자아를 지킬 때

긴급피난(Emergency Escape)은 형법 제22조에서 정의하는 개념으로, "자기 또는 타인의 생명, 신체, 재산을 보호하기 위해 불법적인 행위를 할 때 처벌을 면하는 것"이다. 긴급피난은 위법한 행위가 자신을 보호하기 위한 최소한의 선택이었을 때, 그 위법성이 일시적으로 정당화되는 상황을 뜻한다.

예를 들어, 상급자가 불법적인 명령을 내렸을 때, 그 명령이 즉각적인 위협을 느낄 정도로 긴급한 상황에서 자신의 생명이나 신체를 보호하기 위해 불법적인 행동을 하게 된다면, 이는 정당행위로 인정될 수 있다. 예를 들어, 총을 든 상급자가 자신에게 총을 겨누며 "당장 공격을 개시하라"라고 명령을 내린다면, 자기 방어를 위한 불법적인 행위가 이루어졌다고 볼 수 있다.

하지만 여기서 중요한 점은, 위법성의 정도와 위급성이다. 예를 들어, 상급자가 단순히 불법적인 행위를 명령했을 뿐 실제로 생명에 위협을 가하지 않은 상황이라면, 이를 긴급피난으로 정당화할 수 없다. 즉, 긴급피난이 인정되기 위해서는 그 명령이 '즉각적인 위협'을 가하고 있어야 하며, 그에 따라 선택된 행위가 불가피해야 한다.

강요된 행위: 명령을 거부할 수 없는 상황

강요된 행위(Coercion)는 형법 제22조의 2에서 정의된 개념으로, 어떤 불법적 명령이나 압력에 의해 의사에 반해 행위를 한 경우에 면책될 수 있는 조건을 설정한다. 강요된 행위에서 중요한 점은, 피고인이 그 명령을 거부할 수 없는 압박을 받았는지 여부이다.

예를 들어, 상급자가 명백히 불법적인 행위를 지시했을 때, 하급자가 그 명령을 거부할 수 없는 심리적 압박이나 위협을 받았을 경우, 그 행위는 자신의 의지와는 상관없이 이루어진 것이 된다. 이때 하급자는 자신이 피할 수 없는 강요에 의해 행위하게 되었으므로, 법적으로 면책이 인정될 수 있다.

하지만 강요된 행위의 경우에도 법적 해석에는 구체적인 상황이 중요하다. 예를 들어, 상급자가 "불법적인 명령을 따르지 않으면 바로 해고하겠다"며 압박을 가했을 때, 그 강요가 피고인의 생명이나 신체에 대한 위협이 아니고 단지 경제적 처벌에 대한 두려움이라면, 이는 강요된 행위로 보기 어렵다. 심리적 압박만으로는 면책을 주장하기 어려운 것이다.

위법한 명령에 대한 면책의 경계

긴급피난과 강요된 행위 이론은 기본적으로 자신의 생명과 자유를 지키기 위한 불가피한 선택이라는 전제 하에 면책을 주장할 수 있다는 점에서 유사하지만, 그 경계는 명확하지 않다. 어떤 상황에서는 피고인의 선택이 너무 제한적이어서 면책을 인정받을 수 있지만, 다른 상황에서는 피고인이 충분히 거부할 수 있었던 상황이라면 면책이 인정되지 않는다.

예를 들어, 제2차 세계대전 중 나치 전범 재판에서 많은 피고인들이 "상급자의 명령을 따랐다"는 이유로 면책을 주장했지만, 법원은 명령이 범죄적 성격을 지니고 있었고, 그 복종자가 법적 책임에서 벗어날 수 없다고 판결했다. 법원은 복종자가 불법성을 인식하고 있었다면, 그 명령에 따른 행위는 정당화될 수 없다고 판단한 것이다. 이 판결은 위법한 명령을 따른 행위가 강요된 행위나 긴급피난의 범위를 넘어서면 면책될 수 없다는 중요한 법리적 메시지를 전달한다.

흥미로운 시나리오: 법적 정의와 윤리적 기준의 충돌

흥미로운 점은, 위법한 명령에 따른 면책 이론이 법적 정의뿐만 아니라 윤리적 기준을 어떻게 반영하느냐에 따라 달라질 수 있다는 점이다. 법의 테두리 내에서 불법적인 명령을 따를 경우 면책을 주장할 수 있다면, 사회적으로는 "윤리적으로 옳은 선택이 무엇인가"에 대한 논의가 필요하다. 윤리적 법철학에서는 법적 책임을 넘어서서 "도덕적으로 책임이 있는가?"에 대한 물음이 등장할 수 있다.

면책 이론의 한계와 가능성

결국 긴급피난과 강요된 행위 이론은 자기 보호의 본능과 위협의 강도에 따라 면책이 인정될 수 있다는 법적 논리를 제공한다. 그러나 이들 이론을 현실에 적용하는 데는 주관적 판단과 구체적인 상황의 분석이 중요한 역할을 한다. 법이 면책을 인정하는 경계는 단순히 위법성의 여부에 그치지 않고, 그 상황에서 어떤 선택이 최선이었는지에 대한 윤리적, 사회적 기준에 따라 달라질 수 있다.

따라서 위법한 명령에 대한 면책 이론은 긴급성, 강요, 그리고 의지의 자유라는 교차점에서 더욱 복잡한 논의를 요구하며, 각 사건에 맞는 섬세한 판단이 필요하다. 이는 단지 법적 책임을 떠나, 인간의 의지와 윤리적 가치가 무엇인지를 고백하는 과정이기도 하다.

14

명령 복종의
실천적 문제

군대와 경찰을 중심으로 실제로 발생하는 위법 명령의 사례를 분석하고, 역사적 사건을 통해 복종과 책임의 논란을 살펴보자. 또한, 군사 작전 및 대민 관계에서 발생하는 위법 명령의 현실적 문제를 다루며, 명령 복종에 대한 사회적, 정치적 논란을 제기한다. 이를 통해 명령 복종의 법적, 윤리적, 사회적 측면에서 발생하는 복잡한 문제들을 고찰하고, 실천적 문제의 해결 방안을 모색해보자.

군대와 경찰에서 실제로 발생하는 위법 명령 사례 분석

군대와 경찰은 일반적으로 규율과 질서를 유지해야 하는 조직으로, 그 내부에서 상급자의 명령에 복종하는 것이 매우 중요한 원칙이다. 하지만 이러한 명령이 불법적이거나 비윤리적일 때, 복종이 법적 책임을 회피할 수 있는지를 둘러싸고 복잡한 논의가 발생한다. 실제로 위법 명령을 따르는 과정에서 발생한 사건들은 법과 윤리를 넘나드는 흥미로운 갈등을 드러낸다.

여기서는 몇 가지 실제 사례를 통해 군대와 경찰에서 발생한 위법 명령의 복잡성을 살펴보겠다.

나치 독일의 전범 재판에서의 복종 문제

제2차 세계대전 중, 나치 독일의 군인들은 '상급자의 명령'에 따라 수많은 전쟁 범죄를 저질렀다. 그중 하나가 바로 "아이젠하우어의 명령" 사건이다. 나치 군인들은 히틀러의 명령에 따라 수많은 유대인과 민간인을 학살했으며, 그들은 "상급자의 명령을 따랐다"는 이유로 법적 책임을 피하려 했다. 이 사건은 뉘른베르크 재판에서 중요한 논점으로 다뤄졌다.

피고인들은 "명령을 따를 수밖에 없었다"며 면책을 주장했지만, 법원은 그들이 따랐던 명령이 불법적이었음을 인정하고 법적 책임을 물었다. 이 사건은 명령 복종이 법적 책임을 면할 수 있는지가 아니라, 그 명령이 법적으로 정당 한 지에 따라 달라진다는 중요한 교훈을 남겼다. 또한, 복종의 의무와 법적 책임 사이의 갈등이 윤리적 판단을 필요로 한다는 사실을 알 수 있다.

베트남 전쟁 중 미군의 미라이 학살 사건

베트남 전쟁 중 발생한 미라이 학살 사건은 군대 내에서 발생한 위법 명령의 전형적인 사례로, 1968년에 미군이 베트남의 미라이 마을에서 수백 명의 민간인을 무차별적으로 살해한 사건이다. 이 사건에서 중요한 문제는 "명령을 따랐다"는 이유로 이를 정당화하려는 시도였다.

상급자는 "민간인이라도 적이 될 수 있다"는 명령을 내렸고, 하급자들은 그 명령을 따르며 민간인을 학살했다. 이후 군인들은 자신들의 행동에 대해 "명령을 따랐다"는 이유로 면책을 주장했으나, 법원은 명령을 따랐다고 해도 그 행위가 불법적이었다는 결론을 내렸다. 이는 명령 복종이 법적으로 정당화되기 위해서는 그 명령의 내용이 합법적이어야 한다는 중요한 법적 원칙을 보여준다.

경찰의 과잉 진압과 불법 명령

경찰 조직에서도 위법 명령에 대한 논란은 꾸준히 발생해 왔다. 특히 과잉 진압과 관련된 사건들은 사회적 논란을 일으키며 법적 책임을 물을 때 중요한 쟁점으로 떠오른다. 예를 들어, 2009년 서울 용산 참사에서는 경찰이 시위자들을 과잉 진압하면서 불법적인 명령을 따르기로 했다.

당시 경찰은 상급자로부터 '강경 대응'을 지시받고, 이를 실행하기 위해 불법적인 방법으로 시위자들을 강제로 해산하려 했다. 이 과정에서 시위자들이 불법적으로 체포되거나 폭력적으로 진압당했고, 결국 시위자들이 큰 피해를 입었다. 경찰은 "상급자의 명령을 따른 것"을 이유로 법적 책임을 회피하려 했지만, 법원은 그들이 불법적인 명령을 따랐음을 인정하고 경찰에게 법적 책임을 물었다.

이 사건은 경찰이 직무를 수행하면서도 불법적 명령을 따를 수 있다는 문제를 깊이 다루게 되었고, 이후 경찰의 책임 문제와 함께 명령 복종이 정당화될 수 없는 경우에 대한 논의가 확산되었다.

위험한 경찰 작전에서의 명령 복종

경찰 작전에서도 위법 명령을 따르는 문제는 실제로 존재한다. 예를 들어, 2014년 미국의 '포르도 워크 작전'에서는 경찰이 범죄자를 추적하는 과정에서 과도한 무력 사용을 지시받고, 그로 인해 민간인들이 희생된 사건이 발생했다. 경찰은 명령을 따르다 보니 법적 경계를 넘어서는 무력을 사용하게 되었고, 그로 인해 불법적인 행위가 발생했다.

이 사건에서는 경찰의 '정당한 권한'이 과도하게 사용되었고, 그 명령을 따른 경찰은 정당행위로 인정되지 않았다. 결국 해당 경찰은 법적 처벌을 받았고, 이 사건은 경찰의 명령 복종이 항상 법적으로 정당하지 않다는 것을 명확히 했다.

15

역사적 사건과 그에 따른 복종과 책임 논란

군대와 경찰에서 발생한 위법 명령 사례들을 통해 '복종'이라는 개념이 단순히 상급자의 지시를 따르는 것만으로는 법적 책임을 면할 수 없다는 사실을 알 수 있다. 불법적인 명령을 따르는 행위가 법적 정당성을 인정받기 위해서는 그 명령이 합법적이어야 하며, 행위자의 판단력과 자율성이 중요하다. 이와 같은 사례들은 명령 복종이 법적 책임을 면할 수 있는지를 넘어서, 그 명령의 윤리적, 법적 정당성에 대한 깊은 고민을 요구한다.

역사 속에서 명령에 복종한 사람들이 법적 책임을 회피하려 했던 사례들은 늘 논란을 일으켰다. 특히 전쟁이나 정치적 압박 속에서 복종이 윤리적, 법적 논쟁의 중심에 서게 된 사건들이 많았다. 그중에서도 가장 유명한 사건들은 명령을 따른 이들이 "단순히 명령을 따른 것뿐"이라며 책임을 피하려 했지만, 결국 법적으로는 그들의 행동이 비판을 받는 경우가 많았다. 여기서 우리는 몇 가지 역사적 사건을 살펴보며 복종과 책임의 경계가 어떻게 형성됐는지 알아보자.

나치 독일의 전범 재판과 복종 문제

제2차 세계대전 당시, 나치 독일의 군인들과 고위 지도자들은 전쟁 범죄를 저질렀다. 그중 대표적인 사례가 바로 뉘른베르크 재판이다. 전쟁이 끝난 후, 많은 나치의 군인들과 관리들은 "히틀러의 명령을 따랐다"며 자신들의 행동을 정당화하려 했다.

예를 들어, 히틀러의 명령에 의해 수백만 명의 유대인들이 학살됐다. 이들은 자신들이 단순히 명령을 따랐을 뿐이라고 주장했지만, 재판에서는 그들이 복종한 명령이 불법적이었고, 그들의 행동은 법적 책임을 면할 수 없다고 결론을 내렸다. 결국 '상급자의 명령'이 법적으로 정당하지 않다면, 복종자는 책임에서 벗어날 수 없다는 교훈을 남겼다. 이는 '복종'이 언제나 면책을 보장하지 않는다는 중요한 법적 원칙을 확립했다.

베트남 전쟁의 미라이 학살 사건

베트남 전쟁 중 발생한 미라이 학살 사건도 명령 복종에 따른 책임 논란을 일으킨 대표적인 사례다. 1968년, 미군은 베트남의 미라이 마을에서 수백 명의 민간인을 무차별적으로 학살했다. 당시 상급자는 "민간인이라도 적일 수 있다"는 명령을 내렸고, 그 명령을 받은 하급자들은 무차별적으로 민간인을 살해했다.

미군 병사들은 이후 "상급자의 명령을 따랐다"며 면책을 주장했지만, 법원은 그들의 행동이 명백히 불법적이었다고 판단했다. 이 사건은 명령이 합법적인지 여부가 얼마나 중요한지, 그리고 단순히 명령을 따르는 것이 법적으로 정당화될 수 없는 경우에 대해 깊은 성찰을 불러일으켰다. 병사들이 명령을 따르긴 했지만, 그 명령이 불법적이라면, 그 행위는 법적 책임에서 자유롭지 않다는 것을 보여준다.

소련의 대숙청과 스탈린의 명령

소련의 대숙청(1936-1938) 기간 동안, 스탈린은 정치적 반대자들을 제거하려 했고, 이를 위해 많은 공무원들이 연루됐다. 당시 많은 공무원들이 "상급자의 명령을 따랐다"라고 주장하면서 법적 책임을 피하려 했지만, 그들의 행위는 결국 비판을 받았다.

수많은 고위 관리들이 고문, 자백 강요, 사형 집행 등 불법적인 행동을 했지만, 스탈린의 명령을 따랐다는 이유로 면책을 주장했다. 그러나 이 사건도 결국 명령 복종이 무조건 면책을 보장하지 않는다는 중요한 교훈을 남겼다. 많은 공무원들이 결국 법적 책임을 면하기보다는, 그들의 행위가 불법적이었음을 인정받고 처벌을 받았다.

미국의 인디언 추방 명령과 관련된 책임 논란

19세기 중반, 미국 정부는 '인디언 추방' 정책을 시행하면서, 수만 명의 원주민들을 강제로 이주시키거나 학살했다. 이 과정에서 많은 군인들이 상급자의 명령을 따르며 비인도적인 행동을 저질렀다. 특히 1838년 체로키 인디언의 강제 이주(Trail of Tears) 사건에서는, 군인들이 추방 명령을 이행하면서 원주민들에게 극심한 고통을 안겨주었다.

그 당시 군인들도 "명령을 따랐다"는 이유로 자신들의 책임을 면하려 했으나, 오늘날 이 사건은 미국 역사에서 큰 윤리적, 법적 논란을 일으킨 사건으로 남았다. 상급자의 명령이 비인도적이었기 때문에, 군인들이 명령을 따른다고 해서 그들이 법적으로 면책될 수 있는 것은 아니었다.

복종과 책임: 역사에서 얻는 교훈

이와 같은 역사적 사건들은 명령 복종이 언제나 법적 책임을 면할 수 없는지에 대해 중요한 교훈을 제공한다. "상급자의 명령을 따른 것만으로 면책을 보장받을 수 없다"는 원칙은 여러 역사적 사건에서 명확히 드러났다. 명령이 법적으로 정당하지 않다면, 그 명령을 따르는 자도 법적 책임을 피할 수 없다는 사실은 법과 윤리의 경계를 새롭게 정의했다.

명령에 복종하는 것이 항상 의무일 수 있지만, 그 명령이 불법적이거나 비윤리적일 경우 복종은 책임을 면할 수 없는 이유가 된다는 점에서, 법적, 윤리적 판단의 중요성을 다시금 일깨워준다.

16

군사 작전 및 대민 관계에서 발생하는
위법 명령의 현실적 문제

군사 작전과 대민 관계에서 발생하는 위법 명령은 언제나 복잡하고, 그 결과는 단순히 법적 책임을 넘어서는 심각한 사회적, 윤리적 논란을 일으킨다. 군대와 경찰은 명령에 복종하는 구조로 운영되지만, 명령이 불법적이거나 비윤리적일 경우, 복종이 오히려 큰 문제를 야기할 수 있다. 이런 상황에서는 하급자가 상급자의 명령에 따라 행동하면서, 자신이 저지른 불법적 행위에 대한 책임을 어떻게 질지에 대해 많은 고민을 하게 된다. 여기서는 군사 작전과 대민 관계에서 실제로 발생했던 위법 명령의 사례를 통해, 그 현실적인 문제를 들여다보고자 한다.

미라이 학살 사건 (베트남 전쟁)

미라이 학살은 베트남 전쟁 중 발생한 대표적인 군사 작전에서의 위법 명령 사례로, 1968년 미군이 베트남의 미라이 마을에서 수백 명의 민간인을 학살한 사건이다. 당시 상급자는 "민간인이라도 적일 수 있다"는 이유로 민간인들을 공격하라는 명령을 내렸고, 하급자들은 이를 따르며 무차별적으로 민간인을 살해했다.

이 사건에서 중요한 점은 "명령을 따랐다"는 이유로 그들이 법적 책임을 면할 수 없다는 것이다. 군인들은 자신들이 '상급자의 명령'을 따랐다고 주장했지만, 법원은 그들이 저지른 행동이 명백히 불법적이었음을 인정했다. 여기서 드러난 문제는 "위법한 명령을 따르는 것이 얼마나 위험한지"라는 점이다. 군대 내에서 상급자의 명령을 따르는 것은 기본적인 의무일 수 있지만, 그 명령이 불법적이라면 결과적으로 군인들이 큰 법적 책임을 지게 된다는 것이다. 이 사건은 군사 작전에서 명령의 법적, 윤리적 정당성이 얼마나 중요한지를 보여준다.

민간인 공격과 과잉 진압: 경찰 작전에서의 위법 명령

경찰 작전에서도 위법 명령에 따른 문제는 자주 발생한다. 특히 시위나 대규모 집회에서 경찰은 상급자의 명령에 따라 과잉 진압을 하기도 한다. 예를 들어, 2009년 서울 용산 참사에서는 경찰이 '강경 대응'을 지시받고 시위자들을 과잉 진압하면서 불법적인 방법을 사용했다. 당시 경찰은 상급자의 명령을 따라 불법적으로 시위자들을 체포하거나 폭력적으로 진압하며, 결국 시위자들이 큰 피해를 입었다.

이 사건에서 중요한 문제는 '명령 복종'이 언제나 법적 정당성을 보장하지 않는다는 점이다. 경찰은 자신들이 상급자의 명령을 따랐다고 주장했지만, 법원은 그들이 따랐던 명령이 불법적이었다고 판단하고 경찰에게 책임을 물었다. 이 사건은 위법한 명령을 따르는 것이 결국 경찰 조직의 신뢰를 떨어뜨리고, 사회적으로 큰 파장을 일으킨다는 점을 잘 보여준다. 또한, 경찰은 단순히 상급자의 지시를 따르기보다는 그 명령이 법적으로 정당한지, 그리고 윤리적으로 적절한지를 판단해야 한다는 교훈을 준다.

군사 작전에서의 민간인 희생: 위험한 명령의 한계

군사 작전에서 발생하는 위법 명령은 민간인 희생을 초래할 수 있다. 2014년 미국에서 발생한 '포르도 워크 작전'은 경찰과 군의 협력이 잘못된 결과를 낳은 예로, 범죄자를 추적하는 과정에서 과도한 무력이 사용됐다. 이 작전에서는 경찰이 상급자로부터 "범죄자를 추적할 때는 무력을 아끼지 말라"는 지시를 받았고, 그 결과 민간인들이 피해를 입었다.

이 사건에서 문제는 '정당한 권한'의 남용이었다. 경찰은 범죄자를 추적하는 과정에서 과도한 무력을 사용했고, 그로 인해 불법적인 행위가 발생했다. 이 사건은 '정당한 명령'도 실제 상황에서 어떻게 사용되느냐에 따라 큰 논란을 일으킬 수 있다는 점을 강조한다. 명령을 받은 경찰이 자신이 받았던 명령이 법적으로 정당한지, 혹은 윤리적으로 적절한지를 냉철하게 판단했어야 했다는 교훈을 남긴다.

국가의 위법 명령: 정치적 압박과 군의 복종

군사 작전에서 위법 명령을 따르는 문제는 단순히 현장에서의 문제를 넘어서, 정치적 압박과 국가의 정책에 의한 문제로 확산될 수 있다. 예를 들어, 이란-이라크 전쟁에서 이란 군은 상급자의 명령에 따라 민간인을 군사적으로 압박하기도 했다. 이 전쟁에서 이란 정부는 민간인 지역을 군사적 목표로 삼았고, 이란 군은 이를 집행하는 데 참여했다. 군인들은 "상급자의 명령을 따랐다"며 자신들이 책임을 피하려 했지만, 이는 불법적 명령이 어떻게 군인들에게 윤리적 혼란을 일으킬 수 있는지를 보여준다.

이 사건에서 군인들은 상급자의 명령을 따랐지만, 결과적으로 그 명령이 법적으로 정당하지 않다는 사실을 인식하지 못했다. 군사 작전에서의 위법 명령 문제는 종종 정치적 압박과 맞물려 발생하는데, 군인들은 정당한 명령인지 아닌지에 대해 상급자의 지시를 의심해야 한다는 점을 시사한다.

군사 작전과 대민 관계에서의 위법 명령의 문제

군사 작전과 대민 관계에서 발생하는 위법 명령의 현실적 문제는 단순히 법적 책임을 넘어서 윤리적, 사회적 갈등을 일으킬 수 있다. 명령 복종이 항상 법적 면책을 보장하지 않으며, 명령이 불법적일 경우 그 행위는 법적 책임을 피할 수 없다는 점을 역사적 사건들이 잘 보여준다. 또한, 군대나 경찰에서의 상급자 명령은 그 내용이 법적으로 정당한지, 윤리적으로 옳은지에 대한 끊임없는 검토가 필요하다. 복종의 의무와 법적 책임 사이의 경계를 명확히 하고, 현장에서 복종의 한계를 인식하는 것이 그 무엇보다 중요하다.

17

명령 복종에 대한
사회적, 정치적 논란

명령 복종은 군대나 경찰 같은 조직에서 핵심적인 원칙이지만, 그에 따른 사회적, 정치적 논란은 항상 따라다닌다. 조직 내에서 상급자의 명령을 따르는 것은 기본적인 규율이지만, 그 명령이 불법적이거나 윤리적으로 문제가 될 경우, 복종의 의무와 개인의 윤리적 판단 사이에서 갈등이 발생하게 된다. 이러한 갈등은 때때로 사회적, 정치적 논란으로 번지기도 한다. 명령을 따르지 않은 사람들이 처벌을 받거나, 반대로 위법한 명령을 따른 사람들이 법적 책임을 피하는 상황이 발생하기도 한다. 여기서는 명령 복종에 대한 사회적, 정치적 논란을 다양한 관점에서 살펴보겠다.

군사 작전에서의 명령 복종과 인권 논란

군대에서 상급자의 명령을 따르는 것은 기본적인 의무지만, 이 명령이 민간인의 인권을 침해하거나 불법적인 행위로 이어질 경우, 그 명령에 대한 복종이 큰 사회적 논란을 일으킨다. 예를 들어, 미라이 학살 사건과 같은 군사 작전에서의 민간인 희생은 군인의 명령 복종이 인권을 어떻게 침해할 수 있는지에 대한 논란을 불러일으켰다.

미라이 학살에서 미군은 "민간인이라도 적일 수 있다"는 명령을 따랐다. 군인들은 상급자의 명령에 따라 무차별적으로 민간인을 학살했다. 당시 군인들은 명령을 따랐다는 이유로 법적 책임을 회피하려 했지만, 국제 사회는 이를 전쟁 범죄로 규정했다. 이 사건은 "명령을 따른 것이 과연 면책이 되는가?"라는 중요한 질문을 던졌고, 명령 복종의 윤리적, 법적 한계를 극명하게 드러냈다.

이처럼 군사 작전에서 명령을 따른 결과, 민간인의 피해가 발생하면 그에 대한 사회적 책임이 크게 부각된다. 인권 단체나 국제 사회는 군대나 경찰의 명령이 민간인 보호라는 기본적인 가치를 위반할 경우, 이를 비판하고 책임을 묻는다. 명령 복종이 때로는 국제적인 정치적 논란을 초래하며, 명령이 법적, 윤리적 정당성을 갖추어야 한다는 인식이 점점 강화되고 있다.

경찰의 과잉 진압과 정치적 논란

경찰이 상급자의 명령에 따라 과잉 진압을 하는 사건은 특히 사회적 불만을 일으키고, 때로는 정치적 논란을 불러일으킨다. 경찰은 시위나 대규모 집회에서 '강경 대응'을 지시받고 과잉 진압을 시행할 때가 많다. 2009년 서울 용산 참사는 경찰이 시위자들을 과잉 진압하면서 불법적 명령을 따랐다는 논란을 일으켰다.

당시 경찰은 상급자의 지시를 받으며 강경하게 시위자들을 진압했지만, 그 과정에서 불법적인 방법으로 시위자들을 체포하거나 폭력적으로 다뤘다. 시위자들은 경찰의 과잉 진압을 "정치적인 이유로 촉발된 것"이라고 주장했고, 이는 사회적 불만을 키웠다. 결국, 경찰은 명령을 따랐다는 이유로 법적 책임을 회피할 수 없었고, 이 사건은 경찰과 정부 간의 관계, 그리고 경찰 권한 남용에 대한 정치적 논란을 촉발했다.

이와 같은 사건은 "정당한 명령을 따른다는 것이 항상 사회적 책임을 면하는 것은 아니다"라는 중요한 메시지를 남긴다. 경찰의 과잉 진압은 그 자체로 정치적 논란을 일으킬 수 있고, 때로는 정부의 정책이 불법적 명령을 부추길 수 있다는 우려도 제기된다. 이러한 논란은 경찰의 역할과 책임에 대한 사회적 관심을 불러일으키며, 경찰 조직 내에서 명령 복종이 가지는 정치적, 사회적 함의를 더욱 심도 깊게 고민하게 만든다.

정치적 압박과 군의 명령 복종

명령 복종에 대한 논란은 군대에서 정치적 압박과 결합되면 더 복잡해진다. 정치적인 이유로 군에 의해 실행된 명령이 군인의 윤리적, 법적 책임과 충돌할 때, 그 결과는 종종 사회적 논란을 일으킨다. 예를 들어, 이란-이라크 전쟁에서 이란 정부는 민간인 지역을 군사적 목표로 삼도록 군에 명령했다. 이는 명백히 불법적인 명령이었다. 이란 군은 그 명령을 따르면서 민간인을 공격하게 되었다.

이란 군은 "명령을 따랐다"는 이유로 법적 책임을 회피하려 했지만, 민간인 피해가 발생하자 국제 사회의 강력한 비판이 일었다. 이 사건은 군의 명령 복종이 정치적, 사회적 논란을 어떻게 촉발할 수 있는지 보여준다. 군대는 국가의 명령에 따르기 때문에 때로는 정치적인 압박에 의해 불법적 명령을 따르기도 한다. 이 경우, 그 군인의 명령 복종이 정치적 목적을 위한 도구가 될 수 있다는 점에서 논란이 된다.

이처럼 군대에서의 명령 복종은 정치적 압박을 받을 수 있고, 그 결과로 발생하는 불법적 행위는 국제적인 정치적 갈등을 일으킬 수 있다.

이 문제는 군인들이 명령을 따르면서도 윤리적 판단을 할 수 있는 여지를 주는 것이 중요하다는 논의를 촉발한다.

명령 복종과 개인의 책임: 사회적 책임 논의

명령 복종에 대한 논란에서 중요한 부분은 개인의 책임과 사회적 책임 사이의 경계다. 군대나 경찰에서 상급자의 명령을 따르는 것이 당연하게 여겨지지만, 그 명령이 불법적이거나 윤리적이지 않다면 개인도 그 책임을 져야 한다는 주장이 사회에서 강하게 제기된다.

역사적으로 보면, 나치 전범 재판에서 "상급자의 명령을 따랐다"는 이유로 면책을 주장한 군인들이 처벌을 받았다. 이 사례는 "명령 복종이 법적 책임을 면할 수 없다는 것"을 보여주며, 개인의 윤리적 판단이 중요하다는 메시지를 전달했다. 이는 현대 사회에서도 마찬가지로, 법적 책임을 넘어서는 도덕적 책임을 중요하게 여기는 경향이 있다.

명령 복종이 법적 책임을 피할 수 없다는 주장은 "상급자의 명령을 따른 것"이 더 이상 면죄부가 될 수 없다는 사회적 인식을 확산시키고 있다. 이는 군대와 경찰의 조직 문화뿐만 아니라, 일반 사회에서도 상급자의 명령을 무조건 따를 수 없다는 윤리적 기준을 세우는 데 영향을 미친다.

명령 복종의 사회적, 정치적 함의

명령 복종은 단순히 상급자의 지시에 따르는 것을 넘어, 법적, 윤리적, 정치적 책임을 동반한다. 불법적인 명령을 따른 결과가 큰 사회적 논란을 일으킬 수 있으며, 정치적 목적에 의해 조종되는 명령은 더 큰 국제적 갈등을 초래할 수 있다. 이런 현실을 반영하여, 명령을 따른다고 해서 책임을 면할 수 없다는 사회적 합의가 형성되고 있다. 결국 명령 복종의 한계를 인식하고, 그 명령이 법적으로, 윤리적으로 적합한지 스스로 판단할 수 있는 능력이 필요하다.

18

법적·윤리적 성찰: 위법한 명령을 따르는 것에 대한 고민

군대나 경찰에서 위법한 명령을 따를 때 발생하는 내면적 갈등과 그로 인한 법적 및 윤리적 책임에 대해 깊이 성찰해야 한다. 명령 복종의 중요한 원칙에도 불구하고, 명령이 불법적일 때 발생하는 도덕적 갈등과 법적 충돌은 많은 사람들에게 큰 고민거리가 된다. 이러한 갈등은 단순히 명령을 따를 것인가, 아니면 이를 거부할 것인가의 문제를 넘어, 복종과 반항 사이에서 일어나는 복잡한 선택의 문제를 제기한다.

복종을 넘어, 명령을 수행하는 사람들의 내면적 갈등

군대나 경찰에서 명령을 따르는 일은 기본적인 규율이자 의무지만, 그 명령이 불법적이거나 윤리적으로 문제가 있을 때, 복종을 넘어서 내면적 갈등이 생기게 된다. 단순히 상급자의 지시를 따르는 것에서 그치지 않고, 그 명령을 실행하는 사람들은 자신이 무엇을 하고 있는지, 그 행동이 옳은지 그른지에 대한 깊은 내적 고민에 빠질 수 있다.

예를 들어, 히틀러의 명령을 따랐던 나치 군인들은 명령 복종을 넘어 자신의 행동이 초래하는 도덕적, 법적 문제에 대해 깊이 고민했던 사례들이 있다. 전쟁 범죄나 인권 침해와 같은 상황에서는 명령을 따르는 것이 도덕적 비난을 받을 수 있는 일이 된다. 하지만 한편으로는, 명령을 거부하는 것이 직업적 위험과 사회적 배신을 초래할 수 있다는 두려움도 존재한다. 군인이나 경찰은 명령을 거부할 경우, 배신자로 낙인찍히거나, 처벌을 받을 위험이 있다. 이런 상황에서 복종하는 사람은 내면적으로 자신의 도덕적 기준과 사회적 책임 사이에서 갈등을 겪게 된다.

상급자의 명령 vs. 개인의 도덕적 가치

군인이든 경찰이든, 조직에서 명령을 수행하는 사람은 자신의 도덕적 가치와 법적 의무 사이에서 갈등할 수 있다. 명령이 불법적일 때, 그 명령을 따르는 것이 윤리적으로 옳은 일인지, 아니면 상급자의 권위를 따르는 것이 정당한 일인지를 고민하게 된다. 예를 들어, 미라이 학살 사건에서는 미군 병사들이 상급자의 명령에 따라 무차별적으로 민간인을 살해했지만, 그들이 나중에 자신의 행동에 대해 도덕적 비판을 느꼈다고 전해진다. 이들은 명령을 따랐다고 주장했지만, 그 명령이 초래한 무고한 죽음에 대한 양심의 가책을 받으며 고통스러워했다.

이처럼 복종하는 사람들은 명령을 따르면서 도덕적 가치와 법적 의무가 충돌하는 상황에서 극심한 내적 갈등을 경험한다. "이건 옳은 일이 아니다"라는 생각과 함께, "명령을 따르지 않으면 어떻게 될까?"라는 두려움이 충돌하면서 이들은 큰 혼란을 겪는다.

조직 내 충성심 vs. 개인의 윤리적 선택

군대나 경찰은 상명하복의 체계로 운영되는 조직이다. 여기서 군인이나 경찰관은 조직에 대한 충성심을 중요시하고, 상급자의 명령에 무조건 복종해야 한다는 압박을 받는다. 하지만, 이 충성심이 개인의 윤리적 판단과 충돌할 때 갈등이 발생한다. 상급자의 명령을 따르지 않으면 조직에서 배신자나 불충한 인물로 낙인찍힐 수 있기 때문이다.

이런 상황에서 명령을 따르는 사람들은 조직에 대한 충성을 지키기 위해 자신의 윤리적 직관을 억누를 수 있다. 그러나 이런 내적 갈등은 시간이 지남에 따라 정신적 부담이 되어 결국 그 사람의 자아나 정신적 건강에 큰 영향을 미칠 수 있다. 예를 들어, 나치 독일의 군인들은 히틀러의 명령을 따랐다는 이유로 수많은 전쟁 범죄를 저질렀다. 그들도 처음에는 명령을 수행하는 것이 조직의 일원으로서의 의무라고 생각했을 것이다. 하지만 시간이 흐를수록 그들의 내면적인 죄책감과 갈등은 자기 자신과의 싸움이 되었다.

명령을 따르지 않았을 때의 두려움과 후회

내면적 갈등을 겪는 사람들은 종종 명령을 따르지 않았을 때 발생할 수 있는 후회와 불이익을 걱정한다. 군대나 경찰에서 명령을 거부하거나 무시하면, 그 사람은 조직에서 추방당하거나 처벌을 받을 위험이 있다. 이처럼 명령을 따르지 않는 것이 단기적으로는 불리하게 작용할 수 있다는 점에서, 많은 사람들이 내적 갈등을 잠재우기 위해 결국 복종을 선택하게 된다. 그러나 복종이 윤리적 딜레마를 해결해 주는 것은 아니다. 복종을 선택한 사람들은 종종 그 명령이 초래한 불법적 행동에 대해 후회와 자기 비난에 빠질 수 있다. 이때 중요한 것은, 명령을 따르지 않았을 경우에 어떤 결과가 초래될지에 대한 불확실성 때문이다. 그 불확실성 속에서, 복종을 선택한 사람은 후회를 미리 예방하려는 심리가 작용할 수 있다.

내면적 갈등을 해결하는 방법은?

그렇다면 명령을 따르면서 생기는 내면적 갈등을 어떻게 해결할 수 있을까? 자기만의 윤리적 기준을 확립하는 것, 즉 명령을 따르기 전에 그 명령이 윤리적으로 옳은지 판단하는 것이 중요하다. 물론 이것이 항상 가능한 것은 아니지만, 자신의 행동에 대해 성찰하고 책임을 지는 태도가 필요하다. 또한, 상급자에게 질문을 던지거나 대화를 시도하는 것도 한 방법이 될 수 있다. 윤리적 선택을 할 수 있는 환경을 만드는 것 역시 내면적 갈등을 해결하는 데 중요한 역할을 한다.

내면적 갈등을 겪는 사람들은 자신의 행동이 초래할 결과를 반성하고, 그 결과가 정당하다면 복종하고, 그렇지 않다면 명령을 거부하는 선택을 할 수 있는 용기가 필요하다.

결론적으로 군대나 경찰에서 명령을 따르는 것 이상의 문제는 바로 그 내면적 갈등이다. 명령이 불법적이거나 윤리적으로 문제가 있을 때, 복종하는 사람은 자신의 가치관과 조직의 규율 사이에서 끊임없이 고민한다. 이 갈등은 단순히 명령을 따를지 말지를 넘어서, 도덕적 책임, 윤리적 선택 그리고 자기 자신에 대한 책임을 묻는 중요한 문제로 확장된다.

19

법적 책임과
도덕적 책임의 충돌

군대나 경찰에서 명령을 따를 때 종종 법적 책임과 도덕적 책임이 충돌하는 상황이 발생한다. 이때 명령을 따르는 사람은 법적으로는 무죄일 수 있지만, 도덕적으로는 큰 죄를 짓고 있다는 내적 갈등을 겪을 수 있다. 즉, 법적 기준과 도덕적 기준이 완전히 일치하지 않을 때, 그 사람은 두 가지 책임 사이에서 갈등하게 된다. 이 충돌을 이해하기 위해 몇 가지 사례를 살펴보자.

전쟁 범죄와 명령 복종

전쟁 중에 군인이 상급자의 명령에 따라 불법적인 행동을 하게 될 때, 법적으로는 그 명령을 따랐다는 이유로 면죄부를 받을 수 있다. 예를 들어, 나치 독일의 전쟁 범죄에서는 많은 군인들이 '상급자의 명령'을 따르며 수많은 유대인과 민간인을 학살했다. 당시 군인들은 법적 처벌을 피하기 위해 자신들이 명령을 따랐다고 주장했다. 그러나 뉘른베르크 재판에서는 "상급자의 명령을 따랐다는 이유로 법적 책임을 면할 수 없다"는 판결이 내려졌다. 그들은 법적 책임을 면할 수 없었고, 대신 도덕적 책임을 강하게 묻는 결과가 나왔다.

이처럼 법적 책임이란 단순히 법을 위반했느냐 아니냐로 따지지만, 도덕적 책임은 개인이 옳고 그름을 어떻게 판단했는지에 따라 달라지기 때문에 두 개념은 종종 충돌하게 된다. 군인들은 법적으로는 "명령을 따랐다"라고 할 수 있지만, 도덕적으로는 무고한 생명을 앗아간 범죄자로 간주되기 때문이다.

경찰의 과잉 진압과 책임

경찰은 법을 집행하는 직업이지만, 종종 과잉 진압을 하면서 법적 절차를 벗어나기도 한다. 예를 들어, 용산 참사와 같은 사건에서 경찰은 시위대를 진압하는 과정에서 과도한 폭력을 사용했다. 경찰은 상급자의 지시에 따라 강경 대응을 했지만, 그 과정에서 불법적인 폭력이 발생한 것이다. 법적으로는 경찰이 "상급자의 명령을 따랐다"며 면책을 주장할 수 있지만, 도덕적으로는 시위자들이 폭력적으로 대우받고, 심지어 사망에 이른 경우가 발생했기 때문에 도덕적 책임이 문제 된다.

이 경우 경찰은 법적으로는 자신이 한 일이 적법했다고 주장할 수 있지만, 도덕적으로는 불법적이고 과도한 폭력을 행사했다는 비판을 피할 수 없다. 이처럼 법과 도덕은 종종 상충할 수 있다. 법이 어떤 행동을 허용할지라도, 그 행동이 윤리적이지 않거나 인권을 침해한다면 도덕적 책임은 여전히 남게 된다.

명령 복종과 개인의 양심

법적으로는 명령을 따르는 것이 문제가 없다고 해도, 개인의 양심과 도덕적 가치는 그 명령에 대한 도덕적 평가를 다르게 할 수 있다. 예를 들어, 베트남 전쟁 중 미라이 학살 사건에서 미군 병사들은 상급자의 명령에 따라 민간인을 무차별적으로 살해했다. 그들은 명령을 따르는 과정에서 법적으로는 불법이 아니었을지 모르지만, 그들의 도덕적 책임은 매우 무겁다. 나중에 그들은 이 사건에 대해 큰 후회와 죄책감을 느꼈고, 그들의 도덕적 책임은 법적 책임을 넘어서는 깊은 고통을 안겨주었다.

이 사건에서 병사들은 법적 기준에 맞춰 행동했지만, 그 행동이 도덕적으로 올바른 것인지에 대한 의문은 계속해서 제기됐다. 결국 그들은 법적으로는 처벌을 받지 않더라도, 도덕적 책임에 대해 평생 고통을 겪게 된다. 법과 도덕은 각기 다른 기준으로 사람들의 행동을 평가하기 때문에, 법적으로 정당한 행동이라 할지라도 도덕적 측면에서 큰 비난을 받을 수 있다.

복종이 가져오는 도덕적 갈등

법과 도덕의 충돌은 명령 복종이라는 상황에서 더욱 두드러진다. 명령을 따르는 사람들은 법적 책임이 자신에게 돌아오지 않도록 하기 위해 복종을 선택할 수 있다. 그러나 이 선택이 자신에게 도덕적 부담을 안겨줄 때, 그 사람은 계속해서 내면적인 갈등을 경험하게 된다. "내가 잘못한 건 아닐까?" "이 명령이 정말 옳은 걸까?"라는 질문은 명령을 따르는 사람들의 마음속에 깊이 자리 잡는다.

예를 들어, 자위대나 미군에서 전쟁을 수행할 때, 군인들은 종종 명령을 따르기만 하면 된다는 압박을 느낀다. 그러나 전쟁이 끝나고 돌아오면서 그들은 자신이 참여한 전투가 불필요한 폭력과 인권 침해를 초래했다고 생각할 수 있다. 이때 법적으로는 명령을 따른 것이므로 처벌을 받지 않지만, 도덕적으로는 자신이 저지른 행동에 대해 깊은 후회와 죄책감을 느낀다.

법적 책임과 도덕적 책임의 경계

법적 책임과 도덕적 책임은 때때로 충돌하며, 그 경계는 모호할 수 있다. 법적 책임이 면책을 제공할 수 있지만, 도덕적 책임은 면책할 수 없는 부분이 있다. 이 충돌은 특히 군대나 경찰처럼 명령을 따르는 직업에서 매우 중요하다. 법적으로는 아무 문제가 없을 수 있지만, 도덕적으로는 그 행동이 잘못되었다고 느낄 수 있기 때문이다. 법과 도덕 사이에서 갈등하는 사람들은 이러한 충돌을 극복하기 위해 내적 성찰과 윤리적 고민을 계속해 나가야 한다.

20

명령에 대한
'선택적 복종'의 가능성

군대나 경찰처럼 명령 체계가 엄격한 조직에서 '선택적 복종'이라는 개념
은 일종의 도전적인 발상이다. 일반적으로 명령을 따르는 것은 기본적
인 규율이자 의무로 여겨지지만, 선택적 복종은 그 명령의 합법성이나
윤리성을 기준으로 복종 여부를 선택하는 아이디어다. 이는 즉, 명령이
도덕적으로 옳지 않다고 판단되면, 그 명령을 거부할 수 있다는 주장을
의미한다. 하지만 이런 선택적 복종이 실제로 가능한지, 또 가능한 경우
에 어떤 문제가 발생할 수 있는지에 대한 논의는 여전히 뜨거운 이슈이
다.

'선택적 복종'의 윤리적 기초

선택적 복종은 기본적으로 자율성에 기반을 둔다. 일반적으로 명령
을 따르는 것이 기계적인 복종이라면, 선택적 복종은 자신의 도덕적 판
단을 더할 수 있는 여지를 준다. 예를 들어, 베트남 전쟁 중 일부 미군
병사들은 무고한 민간인을 학살하라는 명령을 받았다. 이 명령이 법적
으로는 정당했을지 모르지만, 그 병사들은 자신의 도덕적 판단에 따라
이 명령을 따르지 않았다고 한다. 여기서 선택적 복종이란 "이 명령은

내가 따를 수 없다"는 판단에 근거한 거부였다. 이런 경우, 병사는 법적으로 처벌을 받을 수 있지만, 윤리적으로는 고백자나 영웅으로 여겨지기도 한다. 따라서 선택적 복종은 단순히 명령을 따르지 않는 것이 아니라, 자신의 양심에 따라 행동하는 것을 의미한다. 이 선택은 그 자체로 도덕적 판단과 윤리적 책임을 요구한다. 만약 그 판단이 옳다면, 선택적 복종을 통해 도덕적 정당성을 확보할 수 있을 것이다.

군대에서의 선택적 복종: 현실은 가능할까?

하지만, 군대라는 조직은 엄격한 규율과 명령 복종을 전제로 움직이기 때문에, 선택적 복종이 실제로 실현될 가능성은 매우 적다. 군대에서는 명령을 거부하는 것이 곧 불복종이며, 이는 반역이나 소란으로 간주될 수 있다. 명령에 복종하는 것이 군인으로서의 의무이기 때문이다. 예를 들어, 나치 독일의 군인들이 전쟁 범죄를 저지른 사건에서, 상급자의 명령에 불복종하고 유대인 학살을 중지했더라면 그들이 처벌을 받지 않았을 가능성은 거의 없다. 법과 군법에 따르면, 명령을 따르지 않는 것은 범죄로 간주되었기 때문이다.

만약, 선택적 복종이 가능하다면, 그것은 군대 내에서의 명령 복종의 한계를 고민하게 만든다. 군대에서 정당한 명령과 불법적이거나 비윤리적인 명령을 구분할 수 있다면, 이는 군인의 자율성과 윤리적 책임을 강화하는 데 기여할 수 있다. 그러나 현실적으로 군대라는 조직에서 이런 선택을 하기는 매우 어렵고, 심각한 결과를 초래할 가능성이 크다.

경찰에서의 선택적 복종: 과잉 진압 문제

경찰 역시 마찬가지로 선택적 복종의 문제가 존재한다. 경찰은 시민의 권리와 자유를 보호할 의무가 있기 때문에, 불법적이고 과도한 진압에 대한 선택적 복종이 중요한 문제로 떠오른다. 예를 들어, 서울 용산 참사에서는 경찰이 시위자들에 대해 과잉 진압을 했고, 이는 명백히 불법적이었다. 하지만 상급자의 지시가 있었기 때문에 경찰은 명령을 따를 수밖에 없었다고 주장했다. 이 경우 선택적 복종이 가능했다면, 경찰은 불법적인 명령을 거부하고 시위자의 인권을 보호할 수 있었을 것이다.

그러나 경찰 역시 상급자의 지시와 법적 책임 사이에서 갈등을 느끼게 된다. 법적 절차에 따라 명령을 따르는 것만으로는 개인적 윤리와 사회적 책임을 완전히 이행했다고 할 수 없다. 경찰이 자신의 양심에 따라 불법적인 명령을 거부했을 때, 그들의 도덕적 책임을 인정받을 수 있다면, 경찰 내에서도 선택적 복종이 가능할 수 있겠지만, 현실적으로는 어려운 일이다.

선택적 복종의 문제점: 사회적, 정치적 반발

선택적 복종이 실제로 실행된다면, 그로 인해 사회적, 정치적 논란이 발생할 수 있다. 만약 군인이나 경찰이 자기 판단에 따라 명령을 거부했다면, 그 행동이 정당한 저항으로 받아들여질 수도 있지만, 질서 유지를 위한 규율이 붕괴될 위험도 있다. 군대나 경찰 조직은 규율과 계속적인 복종을 바탕으로 운영되기 때문에, 이들 조직 내에서 명령 불복종이 늘어나면 조직의 기능이나 효율성에 큰 지장이 생길 수 있다. 또한 정치적 지도자나 상급자들이 이를 반역으로 간주할 가능성도 크다.

따라서 선택적 복종이 가능하다면, 그 범위와 기준에 대한 명확한 규정이 필요하다. 그렇지 않으면 혼란과 분열을 초래할 수 있으며, 이는 조직과 사회 전반에 심각한 영향을 미칠 수 있다.

21

복종과 반항,
그 사이의 경계

복종과 반항은 군대나 경찰 같은 규율이 엄격한 조직에서 늘 존재하는 상반된 개념이다. 복종은 명령을 따르는 것, 반항은 명령을 거부하는 것으로, 이 두 개념은 종종 뚜렷한 경계를 갖는 것처럼 보이지만, 실제로는 그 경계가 모호하고 유동적이다. 복종이 언제 반항으로 변하는지, 또는 반항이 과연 언제 정당화되는지에 대한 문제는 윤리적 판단과 법적 책임을 넘어서, 개인적 신념과 사회적 맥락에 따라 달라질 수 있다. 그래서 복종과 반항의 경계는 행위자 개인과 상황에 따라 변화하는 복잡한 문제다.

복종의 미덕, 반항의 위험

전통적으로 군대나 경찰에서 복종은 미덕으로 여겨진다. 명령을 따르고, 그 명령이 어떤 내용이든 끝까지 수행하는 것이 바로 효율적 조직 운영의 핵심이다. 히틀러의 명령에 복종했던 나치 독일의 군인들처럼, 복종은 때때로 무비판적인 순응으로 이어질 수 있다. 이는 악행을 초래하기도 하지만, 그 순간에 복종하는 이들은 그저 명령을 따르는 사람일 뿐이라고 생각할 수 있다. 그렇다면 복종은 언제나 옳은 것인가?

반면 반항은 위험한 행동으로 간주된다. 명령을 거부하고, 그 명령을 비판적으로 바라보는 것은 시스템 내에서 불안을 조성하는 것으로 비칠 수 있다. 하지만, 합법적이지 않거나 비윤리적인 명령에 대한 반항은 사회적 책임을 다하는 도덕적 선택일 수도 있다. 예를 들어, 베트남 전쟁에서 미라이 학살을 거부한 일부 미군 병사들처럼, 반항은 때때로 도덕적 용기로 평가되기도 한다.

복종이 반항으로 바뀌는 순간

복종이 반항으로 변하는 순간은 주로 도덕적, 윤리적 딜레마에 처했을 때 발생한다. 예를 들어, 명령이 법적으로는 정당할 수 있지만, 윤리적으로는 부당하다고 느낄 때 복종은 더 이상 순응으로 보이지 않게 된다. 군대나 경찰에서 발생하는 위법 명령을 따를 때, 그 명령이 불법적이거나 비윤리적이라면 복종이 반항으로 변할 수 있다. 즉, 양심에 따른 저항이 바로 반항이 되는 것이다.

이러한 갈등은 개인의 양심과 체계적인 질서 간의 충돌에서 발생한다. 예를 들어, 국민의 생명과 안전을 지키는 임무가 주어졌을 때, 불법적인 명령을 따르는 것보다 명령을 거부하고 보호하는 것이 훨씬 도덕적으로 옳다고 생각될 수 있다. 이때 반항은 비판적 복종으로 전환되며, 저항이 도덕적 선택이 된다.

반항의 정의와 복종의 한계

반항을 정의하는 것은 쉽지 않다. 반항은 단순히 명령을 거부하는 것만이 아니다. 때로는 비판적 사고와 질문에서 시작된다. "이 명령이 정말 옳은가?" 또는 "이 명령을 따르는 것이 진정으로 필요한가?"라는 질문을 던지는 것 자체가 반항의 첫걸음이 될 수 있다. 그렇다면 복종은 언제 비판적 사고와 결합할 수 있을까? 언제 도덕적 기준을 가지고 복종할 수 없다고 판단할 수 있을까?

복종의 한계는 바로 도덕적 한계에 부딪힐 때 나타난다. 군인이나 경찰이 명령을 수행하면서 자신의 가치관과 양심에 맞지 않는 행동을 요구받을 때, 그 행동은 점차 반항으로 바뀌게 된다. 예를 들어, 군대에서 불법적인 민간인 학살 명령을 따르는 것이 법적으로는 복종이라 할지라도, 도덕적으로는 그 명령을 거부하고 반항하는 것이 맞다고 판단될 수 있다.

복종과 반항, 그 사이의 경계를 넘나드는 사례

복종과 반항의 경계는 현실에서도 자주 드러난다. 예를 들어, 미라이 학살에서는 하급 군인들이 상급자의 명령을 거부하고 민간인의 생명을 지키기 위한 선택을 했다. 이들은 그 명령을 따르지 않았기 때문에 법적으로 처벌을 받을 수 있었지만, 윤리적 차원에서는 그들의 행동이 정당화되었다.

또한, 경찰의 과잉 진압 역시 복종과 반항 사이의 경계를 넘나드는 문제를 보여준다. 시위 진압 중 과도한 무력 사용 명령을 따르면서도, 자신의 양심에 따라 진압을 자제하는 경찰관이 있었다면 그들은 법적으로는 반항하는 것이지만, 도덕적으로는 옳은 선택을 한 것이 된다. 이처럼 복종과 반항은 단순히 명령을 따르는지 거부하는지가 아니라, 주어진 상황에 대한 윤리적 판단과 행위자의 개인적 신념에 따라 달라진다.

복종과 반항, 경계를 넘어서

결국 복종과 반항의 경계는 상황적 판단과 윤리적 사고에서 발생한다. 복종이 도덕적으로 옳을 때, 우리는 그 복종을 행위자의 선택으로 볼 수 있지만, 복종이 불법적이거나 비윤리적일 때, 반항은 윤리적 책임을 다하기 위한 필수적인 선택이 될 수 있다. 복종과 반항은 단절된 두 개의 행동이 아니라, 동시에 존재하는 복잡한 연속선이다. 각자가 처한 상황과 그들의 도덕적 판단에 따라 그 경계는 계속해서 변화하고, 복종과 반항 사이에서 균형을 맞추는 것이 바로 인간다운 선택이 아닐까?

22

군대와 경찰에서의
명령 복종에 대한 개선 방향

군대와 경찰 같은 권위적이고 규율이 엄격한 조직에서 명령 복종은 기본적인 운영 원칙이지만, 그 과정에서 발생할 수 있는 위법 명령과 윤리적 갈등은 지속적인 문제를 야기한다. 명령 복종이 단순히 상급자의 지시를 따르는 것에 그쳐서는 안 되며, 법적이고 도덕적인 기준을 고려한 책임 있는 복종 시스템이 필요하다. 본 장에서는 명령 복종의 문제를 해결하고, 보다 건강하고 지속 가능한 조직 문화를 구축하기 위한 개선 방향을 제시한다.

명령 복종의 제도적 재검토

명령 복종은 군대와 경찰의 가장 중요한 원칙이지만, 그 실행에 있어 법적, 윤리적 문제를 해결하기 위한 제도적 재검토가 필요하다. 현재의 명령 체계는 종종 하급자의 무비판적 순응을 요구하며, 이로 인해 위법 명령이나 비윤리적 명령을 무비판적으로 따르는 일이 발생할 수 있다. 이를 개선하기 위해서는 명령의 정당성에 대한 재검토가 이루어져야 한다.

첫째, 명령을 내리는 상급자가 그 명령의 법적 타당성과 윤리적 정당성을 고려해야 하며, 둘째, 하급자는 비판적 사고를 통해 명령의 법적·윤리적 측면을 검토할 수 있는 기회를 제공받아야 한다. 명령 복종의 절차를 개선하고, 상급자의 명령이 부당하거나 위법한 경우 즉각적인 재검토 절차를 마련해야 한다. 명령을 내려야 하는 상급자와 명령을 따르는 하급자 모두가 자율적이고 책임감 있는 결정을 내릴 수 있는 환경이 중요하다.

위법 명령에 대한 경고 시스템 및 대응 방안

위법 명령을 내리거나 부당한 명령을 강요하는 것은 조직의 신뢰와 정당성을 해치는 중요한 문제다. 이를 방지하기 위한 경고 시스템과 대응 방안이 필요하다. 예를 들어, 명령 검토 시스템이나 내부 고발 시스템을 도입하여, 상급자의 명령이 불법적이거나 부당할 경우 이를 즉각적으로 경고하고 대응할 수 있는 채널을 마련해야 한다.

상급자가 내린 명령에 대해 하급자가 법적, 윤리적으로 의문을 제기할 수 있는 안전한 시스템을 제공해야 한다. 또한, 내부 감시와 독립적인 감찰 기구를 통해 위법 명령이 하달되었을 때, 해당 명령의 실행을 막을 수 있는 다단계 대응 체계를 구축하는 것이 필요하다. 이를 통해 명령 복종과 상급자의 책임이 서로 얽힌 문제를 효율적으로 해결할 수 있다.

상급자의 책임과 하급자의 역할

명령 복종에서 가장 중요한 점은 상급자와 하급자 간의 역할과 책임이 명확하게 구분되어야 한다는 것이다. 상급자는 명령을 내릴 때, 그 명령이 법적으로 정당하고 윤리적으로 옳은지 확인할 책임이 있다. 반면, 하급자는 단순히 명령을 수행하는 데 그치지 않고, 그 명령이 위법하거나 비윤리적일 경우, 적절한 대응을 할 수 있어야 한다.

하급자가 명령을 따를 것인지, 거부할 것인지의 문제는 단순한 개인의 선택을 넘어서 조직의 책임이 중요한 요소로 작용한다. 상급자가 책임 있는 명령을 내리도록 강제하는 동시에, 하급자에게는 자기 책임감을 고취시킬 수 있는 교육과 훈련이 필요하다. 또한, 상급자가 잘못된 명령을 내렸을 때 그 책임을 개인적으로 질 수 있도록 법적 체계를 정비하는 것이 중요하다.

복종의 원칙을 넘어서: 책임 있는 조직 문화 만들기

명령 복종을 넘어서는 책임 있는 조직 문화를 만들기 위해서는 윤리적 리더십과 상호 존중의 문화가 필요하다. 군대나 경찰 조직에서 명령 복종은 물론 중요하지만, 그 복종의 원칙이 단순히 명령을 따르는 것이 아니라, 조직 내 모든 구성원이 공정하고 도덕적인 기준을 바탕으로 행동할 수 있도록 유도해야 한다. 이는 교육과 훈련을 통해 이루어질 수 있다.

특히, 상급자와 하급자 간의 소통과 상호 존중이 핵심이다. 조직 내에서 구성원들이 자유롭게 의견을 제시하고, 문제가 있을 경우 적극적으로 논의할 수 있는 개방적이고 투명한 시스템이 구축되어야 한다. 이를 통해 조직 내 갈등이나 윤리적 문제를 예방하고, 책임 있는 의사결정을 할 수 있도록 하는 것이 중요하다.

또한, 복종을 넘어서 조직 전체가 책임을 지는 문화를 만들어야 한다. 명령 복종을 넘어서, 조직이 가진 법적, 윤리적 책임을 각 구성원이 공유하고 실천할 수 있도록 하는 문화를 만들어가는 것이 중요하다. 이는 단기적인 결과가 아니라 지속 가능한 조직의 발전을 위한 핵심 요소다.

　결론적으로 군대와 경찰에서의 명령 복종 시스템은 법적 정당성과 윤리적 책임을 동시에 고려해야 한다. 명령 복종의 제도적 재검토, 위법 명령에 대한 경고 시스템, 상급자의 책임과 하급자의 역할에 대한 명확한 규명, 그리고 책임 있는 조직 문화를 만드는 것까지, 모든 방향은 상호 존중과 법적, 윤리적 기준을 기반으로 한 조직의 발전을 목표로 해야 한다. 이러한 개선 방향을 통해 군대와 경찰은 보다 책임 있는 조직으로 발전할 수 있을 것이다.

23

명령과 복종의
윤리적·법적 경계

명령과 복종의 문제는 단순한 법적 준수나 군대와 경찰에서의 규율을 넘어서, 인간 사회의 윤리적, 도덕적 기준과 깊은 연관이 있다. 군대와 경찰에서 발생하는 위법 명령, 비윤리적 명령에 대한 복종은 단순히 법적 책임을 묻는 차원을 넘어, 개인의 내면적 갈등과도 직결된다. 우리는 이 문제를 더 깊이 이해하고, 나아가 복종의 경계를 명확히 설정하는 것이 얼마나 중요한지 되짚어봐야 한다.

명령 복종의 윤리적 경계

명령 복종의 본질은 질서 유지와 조직의 효율성을 위한 것이지만, 그 명령이 윤리적이고 합법적인지에 대한 의문은 항상 존재한다. 예를 들어, 상급자의 명령을 무조건적으로 따르는 것이 항상 정당한 것일까? 수많은 역사적 사건과 사례를 통해 우리는 이미 알 수 있다. 윤리적 판단이 필요한 순간에, 단순히 상급자의 명령에 복종하는 것이 도덕적 책임을 회피하는 것일 수 있다는 사실이다.

군대나 경찰에서 명령을 따르는 것이 의무로 인식되지만, 그 명령이 인간 존엄성을 해치고, 정의를 위배하는 순간 그 복종은 윤리적으로 문제가 될 수 있다. 복종의 윤리적 경계는 명령이 개인의 도덕적 신념과 맞지 않거나, 법적으로 잘못된 길로 이끄는 순간에 혼란을 일으킨다. 복종이 무비판적이어서는 안 되는 이유는 여기에 있다. 명령을 따르되, 그 명령이 정당한지 끊임없이 반문하고, 자신의 윤리적 기준을 지키는 것이 필요하다.

법적 경계: 책임과 면책의 문제

법적으로 보면, 명령 복종은 단순히 명령을 따르는 것만으로 면책될 수는 없다. 특히 위법한 명령을 따를 때 법적 책임은 피할 수 없다. '상급자의 명령'이 법적 면책을 보장하는 것은 아니다. 법적 경계를 명확히 해야 하는 이유는, 불법적인 명령을 따르면서 발생한 결과에 대해 법적 책임을 질 수 있기 때문이다. 명령을 따른 결과가 불법적인 행위를 초래했을 때, 그 명령을 무조건적으로 따랐다고 해서 면책되지 않는다는 사실은 명확하다.

법적 책임과 윤리적 책임은 서로 얽혀 있지만, 법은 객관적인 기준을 제공한다. 법적으로는 위법 명령에 대한 책임을 피할 수 없지만, 윤리적으로는 상급자의 명령이 잘못되었음을 깨닫고, 그것을 저항하는 것이 더 나은 결과를 가져올 수 있다는 점에서 큰 차이가 있다. 법과 윤리의 경계를 넘나드는 상황에서는, 법적 책임을 피할 수 있더라도, 윤리적 비판을 피하기 어려운 경우가 많다.

복종과 반항 사이의 미세한 경계

명령 복종의 윤리적, 법적 경계가 갈수록 더 복잡해짐에 따라, 복종과 반항 사이의 미세한 경계를 찾는 일이 점점 중요해진다. 무비판적인 복종이 비윤리적일 수 있듯이, 무조건적인 반항도 조직의 혼란을 초래할 수 있다. 그렇다면, 무엇이 정확히 적절한 복종이고, 적절한 반항인가?

이 문제의 핵심은 합리적 판단과 책임감이다. 명령을 반드시 따르기만 하는 것이 아니라, 합법적이고 윤리적인 명령인지 판단한 후 적절한 방법으로 반응하는 것이 중요한 부분이다. 반항이 필요하다면, 그것은 조직 내에서 공식적인 채널을 통해 이루어져야 하며, 공적이고 객관적인 기준을 토대로 행해져야 한다. 불법적이고 비윤리적인 명령에 대해서는 저항하는 것이 옳다는 인식이 조직 내에서 확립되어야 한다.

책임 있는 복종과 반항의 새로운 문화 만들기

결국, 복종과 반항의 윤리적, 법적 경계를 넘나들 때, 중요한 것은 책임감이다. 복종을 넘어서서 자율적 판단을 할 수 있는 시스템과 문화가 필요하다. 단순히 상급자의 명령을 따른다는 구시대적인 사고를 넘어, 상급자에게도 책임을 묻고, 하급자에게도 자율적 판단의 권한을 부여하는 조직 문화가 필요하다.

이 새로운 문화는 책임 있는 복종과 건설적인 반항을 동시에 촉진할 것이다. 하급자가 상급자의 명령을 따르는 것이 단지 복종이 아니라, 조직의 올바른 방향을 제시하는 행동으로 이해될 수 있도록 해야 한다. 또한, 반항 또한 불법적 명령에 대한 저항이자 조직 내의 변화를 촉구하는 중요한 요소로 자리 잡아야 한다.

결론적으로 명령과 복종의 문제는 단순한 이분법적 사고로 해결될 수 없다. 이 문제는 윤리적, 법적, 사회적 측면이 얽혀 있는 복합적인 문제다. 우리는 명령 복종의 경계를 정확히 설정하고, 윤리적 책임과 법적 책임이 어떻게 맞물려 있는지 심도 깊은 성찰을 해야 한다. 이러한 성찰을 통해, 명령을 따르는 것과 반항하는 것 사이에서 어떻게 균형을 이룰 것인지에 대한 방향을 제시할 수 있을 것이다. 복종의 원칙을 넘어서서, 책임 있는 조직 문화를 만들어 나가는 것이야말로, 결국 모든 조직과 사회에 이로운 결과를 가져오는 길이다.

24

위법한 명령과
그에 따른 책임의 재정의

위법한 명령을 따르는 것은 단순히 명령을 수행하는 것을 넘어서는 문제다. 군대와 경찰 조직 내에서 위법한 명령을 수행하는 상황은 매우 민감한 문제로, 그에 따른 책임을 어떻게 재정의할 것인가가 중요한 윤리적, 법적 논점으로 떠오른다. 우리는 위법한 명령이란 무엇인지, 그 명령을 따를 때 개인에게 어떤 책임이 따르는지에 대해 더 깊이 고민해 볼 필요가 있다.

위법한 명령의 개념 재정의

먼저, 위법한 명령이란 법적으로 잘못된 명령을 의미하는데, 그것이 항상 명확한 범죄를 동반하는 것은 아니다. 예를 들어, 불법적인 행위를 지시하는 명령이 있다면 그 명령은 분명히 위법하다. 그러나 법적 기준에 딱 맞아떨어지지 않는 명령이라 하더라도, 그 명령이 비윤리적이거나 정의롭지 않다고 판단되는 경우에는 여전히 위법하다고 볼 수 있다.

예를 들어, 어떤 군인이 민간인을 학살하라는 명령을 받았을 때, 그 명령은 법적으로 명백한 전쟁 범죄에 해당한다. 하지만 다른 상황에서는 상급자가 내린 명령이 법적으로 완전히 위법이라 판단되지는 않더라도, 그것이 도덕적으로나 윤리적으로 옳지 않은 경우가 있을 수 있다. 예를 들어, 과도한 폭력을 사용하라는 명령이 내려졌을 때, 그 명령은 법적 기준을 넘어서지 않더라도 여전히 도덕적 위법에 해당한다고 볼 수 있다. 즉, 위법한 명령의 개념을 법적인 측면뿐 아니라, 윤리적인 측면에서도 고려해야 한다.

책임의 재정의: 법적 책임 vs 윤리적 책임

위법한 명령을 따르는 것에 대한 책임은 단순히 법적 책임만으로 한정될 수 없다. 물론 법적으로 위법한 명령을 따를 경우 형사적 처벌을 받을 수 있는 가능성이 높지만, 더 중요한 점은 윤리적 책임이다. 만약 군대나 경찰 조직 내에서 상급자의 명령이 법적으로 잘못된 것임을 인식했다면, 그 명령을 무조건 따르는 것은 윤리적 책임을 회피하는 방식일 수 있다.

법적 책임은 주로 형사 처벌로 이어지며, 위법 명령을 따르는 행위는 법적 결과를 초래한다. 하지만 윤리적 책임은 개인적인 양심과 도덕적 판단에 기반한 것이다. 위법한 명령을 따르는 것이 법적으로 면책을 받는 경우라도, 개인의 윤리적 책임은 여전히 존재한다. 즉, 군인이나 경찰이 상급자의 명령을 따르더라도 윤리적 차원에서 자신의 행동에 대해 스스로 책임을 느껴야 한다는 것이다. 예를 들어, 명령이 윤리적 기준에 맞지 않는다는 사실을 알고도 따랐다면, 그 행동이 법적으로 문제가 없더라도 윤리적으로는 비판받을 수 있다.

선택적 복종과 책임의 경계

그렇다면, 우리는 위법한 명령에 대해 어떻게 선택적으로 복종할 수 있을까? 만약 하급자가 명령을 수행하면서 그 명령이 법적으로 위법하거나 도덕적으로 잘못된 것이라고 판단했다면, 어떤 기준으로 복종을 거부할 수 있을까? 바로 여기서 중요한 것이 선택적 복종의 개념이다. 선택적 복종이란, 명령을 받은 사람이 그 명령이 옳다고 판단되었을 때만 복종하고, 잘못된 명령일 경우 거부할 수 있는 권한을 가지는 것이다.

이 개념은 군대나 경찰이라는 조직에서는 다소 논란의 여지가 있을 수 있다. 그러나 윤리적 책임을 강조하는 측면에서는, 선택적 복종이 가능해야 한다는 주장이 점차 힘을 얻고 있다. 자율적인 판단을 바탕으로, 위법한 명령을 거부할 수 있는 기회를 주는 것은, 조직의 도덕적 기준을 지키는 데 필수적이다. 명령 복종이 절대적인 의무라면, 명령을 따르는 사람은 자신의 내면적 갈등을 전혀 고려하지 않고 행동하게 될 것이다. 하지만 선택적 복종을 인정한다면, 각 개인은 도덕적 신념과 법적 의무를 동시에 고려하며, 더 책임감 있는 행동을 할 수 있게 된다.

복종의 새로운 패러다임: 책임 있는 복종

복종의 본질을 법적 책임과 윤리적 책임이라는 두 가지 시각에서 바라본다면, 우리는 '책임 있는 복종'이라는 새로운 패러다임을 제시할 수 있다. 즉, 단순히 명령을 따르는 것이 아니라, 그 명령이 법적·윤리적으로 적절한지를 판단한 후 책임 있게 복종하는 것이다. 이러한 접근은 특히 군대와 경찰 조직 내에서 자율적 판단과 윤리적 책임감을 키울 수 있다.

책임 있는 복종은 단순히 상급자의 지시를 따르는 것에서 그치는 것이 아니라, 개인적인 판단과 윤리적 기준에 따라 행동을 선택하고, 그 선택에 대한 책임을 지는 것을 의미한다. 이를 위해서는 교육과 훈련이 뒷받침되어야 하며, 하급자들이 자신의 판단을 스스로 내릴 수 있도록 지원하는 문화가 필요하다. 또한, 상급자는 자신의 명령이 법적으로나 윤리적으로 적합한지 항상 점검하고, 책임을 공유해야 한다.

위법한 명령에 대한 사회적·조직적 책임

마지막으로, 위법한 명령에 대한 책임은 개인의 책임을 넘어서, 사회적이고 조직적인 차원에서도 다뤄져야 한다. 상급자가 내린 불법적인 명령에 대해 그 책임을 개인에게만 묻는 것은 문제가 있다. 조직 전체가 그 명령을 어떻게 수용하고 실행했는지에 대한 책임도 함께 물어야 한다. 위법한 명령이 왜 조직 내에서 내려졌는지, 그 명령을 받는 사람들이 어떤 환경에서 복종을 강요받았는지 등을 고려하는 것이 중요하다.

결국, 위법한 명령을 따르면서 발생한 책임의 재정의는 개인의 양심과 법적 판단을 넘어서, 조직 문화와 사회적 책임을 아우르는 문제다. 이를 통해 우리는 단순히 복종이 아니라, 책임 있는 복종이라는 새로운 기준을 제시할 수 있을 것이다.

25

항명죄와 명령의
의미에 관한 판례분석

항명죄는 군법 피적용자가 상관의 명령에 불복종하는 범죄로, 다음과 같은 조건을 충족해야 성립한다.

정당한 상관의 명령

항명죄의 객체는 상관이 내린 정당한 명령이다. 정당한 명령은 명령을 내릴 수 있는 직권을 가진 상관이 군사적인 필요에 따라 하달한 명확하고 구체적인 명령을 의미한다. 이 명령은 불법적인 내용이 포함되어서는 안 되며, 작위 또는 부작위를 요구하는 의사표시여야 한다. 즉, 상관의 명령이 불법적일 경우 항명죄로 다룰 수 없다.

명령은 구두, 서면, 전화, 전선 등의 방법으로 전달될 수 있다. 불법적인 내용이 포함된 명령은 항명죄의 객체가 되지 않는다.

항명죄에서 중요한 또 다른 요소는 군법 피적용자가 상관의 명령을 고의적으로 불복종하는 행위다. 피고인은 명령의 내용을 인식하고 있었음에도 불구하고 고의적으로 복종하지 않은 경우에만 항명죄가 성립한다. 이는 주관적 요건(명령을 인식하고 있음)과 객관적 요건(불복종 행위)으로 나눠서 해석된다. 따라서, 항명죄는 단순히 명령을 거부했다고 해서 성립하는 것이 아니라, 명령이 정당한 것이며, 고의적으로 그 명령을 따르지 않은 경우에만 성립한다고 해석된다.

항명죄와 명령의 의미

군형법 제44조에서 규정하는 "명령"의 의미는 군사적 필요에 따라 작전, 교육훈련, 병력 통솔 등의 사항을 다루는 구체적인 명령을 포함한다. 즉, 명령은 군사적 필요에 의해 발령된 작위 또는 부작위에 관한 의사표시로 해석된다.

이 판례에서는 음주제한 명령에 대한 사례가 다뤄졌다. 피고인들이 소초장의 음주제한 명령을 거부한 사건에서, 법원은 그 명령이 군사적 필요에 의한 것인지, 그리고 그 명령을 거부했을 때 군의 위계질서와 군사적 필요에 미치는 영향 등을 고려하여 명령의 정당성을 판단해야 한다고 판시했다.

군사적 필요성으로 명령이 발해진 구체적인 상황에서 그 명령이 군사적 필요에 부합하는지 여부를 반드시 심리해야 한다. 위계질서와 인권 보장으로 명령의 거부가 군의 위계질서에 미치는 영향과 개인의 기본적 인권 보장을 비교하여 군사적 필요와의 균형을 맞춰야 한다. 이 판례에서는 원심이 음주제한 명령이 군사적 필요에 따른 것인지 여부를 충분히 심리하지 않았다는 점을 지적하며, 심리를 다하지 않은 원심 판결이 법리상 위법이 있다고 판시했다.

항명죄의 성립은 정당한 상관의 명령이 존재하고, 고의적으로 불복종한 행위가 있어야 한다. 명령이 불법적인 경우에는 항명죄가 성립하지 않는다. 명령의 의미는 군사적 필요에 따른 작전, 교육훈련, 병력 통솔 등에 관한 사항을 포함하며, 이를 거부할 경우 군사적 위계질서와 인권을 고려하여 그 정당성을 판단해야 한다. 명령을 거부한 사건에서, 법원은 명령의 군사적 필요성과 그 명령이 발해진 구체적인 상황을 철저히 심리해야 한다고 강조했다. 따라서, 항명죄는 특정한 요건을 충족하는 명령에 대해 고의적으로 불복종하는 행위만을 처벌 대상으로 삼는다고 제한적으로 해석해야 한다.

항명죄를 인정하지 아니한 경우

가혹행위를 거부한 것 이 사건에서는 총검술 훈련 중 선착순 구보와 같은 가혹행위를 강요한 상황에서, 이에 따른 불복종이 항명죄로 인정될 수 없다고 판시했다. 총검술 훈련 중 휴식시간에 강제로 깍지 끼고 팔 굽혀 펴기, 브리지, 선착순 구보 등을 시킨 행위는 군사훈련의 일환으로 볼 수 없으며, 가혹행위에 해당한다. 항명죄는 정당한 상관의 명령에 대한 불복종이 성립하는 범죄인데, 가혹행위는 군사훈련의 필요에 의한 명령으로 볼 수 없으며, 그런 행위에 대한 거부는 항명죄에 해당하지 않는다. 따라서 이 사건에서 선착순 구보 명령은 가혹행위로 간주되어 항명죄로 인정되지 않았다.

구타금지 교육을 받은 것 항명죄의 명령이 아니다. 이 사건에서는 중대장의 구타금지 교육을 단순히 충고로 보고, 이를 항명죄의 정당한 명령으로 볼 수 없다는 판결이 내려졌다. 중대장은 구타 및 가혹행위 예방을 위해 구타금지 교육을 실시했으며, 이를 전 중대원에게 전달했다. 법리 항명죄에서 말하는 정당한 명령은 군사에 관한 구체적인 의무를 부과하는 개별적인 명령이어야 하며, 단순한 교육이나 충고는 이에 해당하지 않는다. 따라서 구타금지 교육은 군사상 의무와 관련된 명령이 아니라 일상적인 교육에 해당하므로, 이를 위반한 행위는 항명죄로 인정되지 않았다. 따라서 구타금지 교육은 항명죄에서 말하는 정당한 명령으로 볼 수 없다고 판시했다.

애로사항의 건의 항명죄에 해당하지 않는다. 이 사건에서는 애로사항을 건의한 피고인의 행동이 항명죄로 인정될 수 없다는 판결이 나왔다. 피고인은 소속 중대장의 명령에 대해 불만을 토로하며 불순한 언사로 애로사항을 건의했다. 이 언사가 반항적이고 불량한 태도를 보였지만, 이는 단순히 시정 건의에 해당한다.

항명죄는 명령에 대한 불복종을 기준으로 성립하는데, 피고인의 행동은 반항적이었지만 불복종 자체는 아니었다. 불만을 표현한 것은 명령을 거부한 것이 아니며, 항명죄로 인정할 수 없다. 따라서 피고인의 불만 표현은 항명죄의 불복종으로 볼 수 없다고 판시했다.

재량 범위 내 직무수행 이 사건에서는 중대장의 명령이 재량 범위 내 직무수행에 해당하는지 여부가 핵심이었다. 주요 사실 피고인은 중대장의 명령에 따라 외출 허가를 내주었는데, 외출 허가는 재량 범위 내에서 이루어진 직무수행이었다.

법리 주번사관으로서 외출을 허가하는 것은 재량에 의한 직무수행으로, 이는 중대장의 명령에 반하는 행위가 아니었다. 즉, 중대장의 명령이 있더라도 재량범위 내에서 이뤄진 판단이라면, 항명죄로 성립하지 않는다. 따라서 피고인의 외출 허가는 항명죄에 해당하지 않는 직무수행으로 판시되었다.

군 교도소 수형자의 집총훈련 명령 정당한 명령이 아니다. 이 사건에서는 군 교도소 수형자에 대한 집총훈련 명령이 정당한 명령인지 여부가 논점이었다. 수형자들에게 집총훈련을 명령한 상관의 명령에 반항했으나, 이 훈련 명령이 정당한 명령인지에 대한 의문이 제기되었다. 군행형법시행령에 따르면 수형자에 대한 집총훈련은 참모총장의 필요성 인정이 있을 경우에만 정당한 명령이 된다. 하지만 이 사건에서는 참모총장의 필요성 인정 사실이 없었기 때문에, 해당 명령은 정당한 명령으로 볼 수 없었다. 따라서 이 사건에서 집총훈련 명령은 정당한 명령이 아니므로, 피고인들이 항명죄로 처벌받을 수 없다고 판시되었다.

소대장의 일상적 지시 이 사건에서는 소대장의 일상적인 지시가 항명죄에 해당하는지 여부가 논점이었다. 소대장은 군내 일상적인 지시를 내렸으나, 이는 군사적인 의무를 부과하는 것이 아니라 일상생활과 관련된 의무였다. 항명죄에서 말하는 정당한 명령은 군사상의 필요에 의해 작전, 교육훈련, 병력 통솔과 같은 군사적 의무를 부과하는 것이라야 한다. 일상적인 지시는 이에 해당하지 않기 때문에 항명죄로 성립하지 않는다. 따라서 소대장의 일상적 지시는 항명죄의 정당한 명령에 해당하지 않으므로, 이를 위반한 행위는 항명죄로 인정되지 않았다.

항명죄가 성립하지 않는 사례들의 핵심 포인트

정당한 명령이어야 한다. 군사적 의무를 부과하는 군사적 명령이어야 하며, 일상적 지시나 교육은 항명죄에 해당하지 않는다. 불복종이 아니라 불만 표현이어야 한다. 단순히 불만을 표현하거나 애로사항을 건의하는 것만으로는 항명죄가 성립하지 않는다.

재량 내 직무수행이어야 한다. 상관의 명령이 재량 범위 내에서 이루어진 직무수행이라면 항명죄로 처벌할 수 없다.

정당한 명령의 요건이어야 한다. 특히 집총훈련 명령과 같은 사례에서는 상관의 명령이 법적 근거와 군사적 필요성이 있는지를 명확히 해야 한다.

26

군대와 경찰을 넘어, 모든 조직에서의 복종 문제

군대와 경찰에서의 복종 문제는 종종 법적 책임과 윤리적 책임 사이의 갈등을 중심으로 다뤄지지만, 사실 복종의 문제는 그들이 아닌 다른 조직에도 깊게 뿌리내리고 있다. 우리가 흔히 떠올리는 군대나 경찰은 엄격한 규율과 질서 유지를 위한 조직이지만, 기업이나 학교, 정부 기관, 비영리 단체와 같은 다른 조직에서도 복종은 중요한 역할을 한다. 결국, '복종'이라는 개념은 모든 조직의 내부 규율을 지키기 위한 핵심 원칙으로 자리 잡고 있으며, 그 복종이 합법적이고 윤리적인지, 혹은 권위주의적이고 부당한지에 따라 조직 내 갈등이 발생할 수 있다.

복종이 조직에 미치는 영향

모든 조직에서 복종은 단순히 지시를 따르는 것을 의미하지 않는다. 조직 내에서 상급자의 명령을 따르는 것에 대한 기대는, 단지 규율을 지키는 것을 넘어 생산성과 효율성, 그리고 조직의 목표 달성을 위한 필수적인 조건으로 여겨지기도 한다. 특히 기업이나 정부 기관에서는 상급자의 지시를 따르는 것이 업무 수행의 기본이자, 조직의 방향성을 유지하는 중요한 요소로 작용한다.

하지만 복종이 무조건적으로 이루어졌을 때, 그로 인한 부작용은 적지 않다. 불합리한 명령이나 윤리적으로 문제가 있는 지시를 상급자가 내리면, 하급자는 자신의 내면적 갈등에 시달리게 된다. 예를 들어, 부당한 상급자의 요구를 받아들이게 되면, 개인적인 윤리의식과 조직 내 의무 사이에서 갈등을 겪게 된다. 이런 갈등은 결국 직무 불만족이나 조직에 대한 신뢰 상실로 이어질 수 있다.

기업 내 복종의 위험성: 권위주의적 구조

기업에서도 복종이 중요한 원칙으로 여겨지지만, 그 복종이 권위주의적 구조 속에서 이루어질 경우 문제가 발생할 수 있다. 예를 들어, 고위 임원이나 경영진의 결정이 하위 직원들에게 강압적으로 전달될 때, 그 명령이 비윤리적이거나 비합리적인 경우가 많다. 이때 하위 직원들이 자율적으로 의심을 품고 자신의 윤리적 기준을 바탕으로 행동하지 않으면, 문제를 인식하지 못한 채 부당한 상황을 계속 받아들이게 된다.

기업 내 상하 관계에서 명령 복종이 지나치게 강조되면, 의사 결정의 다양성과 창의성이 억제될 수 있다. 예를 들어, 경영진이 위험한 전략을 추진한다고 해서, 하위 직원이 명령을 따르기만 한다면, 그 전략이 실패했을 때 발생하는 법적 책임은 결국 경영진만의 문제가 아니라 하위 직원에게도 전가될 수 있다. 따라서 복종이 단순히 권위에 의존하는 것이 아니라, 지속적인 피드백과 비판적 사고를 바탕으로 이뤄져야 한다.

학교와 교육 기관에서의 복종 문제

학교와 교육 기관에서도 복종은 중요한 원칙이다. 교사의 명령에 따르는 것은 학생들이 학습 환경을 잘 유지하고, 규칙을 따르며, 조화롭게 생활할 수 있도록 돕는다. 하지만 학교에서의 복종도 때때로 권위주의적으로 작용할 수 있다. 예를 들어, 교사의 부당한 명령이나 불합리한 처벌을 학생들이 자신의 권리를 주장하지 않고 따를 경우, 그 학생은 자아 존중감을 상실하거나, 나아가 학교 시스템에 대한 불신을 느낄 수 있다.

학교에서의 복종 문제는 단순히 명령을 따르는 것에 그치지 않고, 학생들의 비판적 사고와 자율성을 기를 수 있는 기회를 제공하는 쪽으로 발전해야 한다. 학생이 교사의 권위를 무조건적으로 따르는 것보다는, 자신의 의견을 표현하고 정당한 이유로 명령에 의문을 제기하는 태도가 중요하다.

정부 기관에서의 복종과 민주주의

정부 기관이나 공공 부문에서도 복종의 문제는 끊임없이 논란이 된다. 예를 들어, 공직자가 상급자의 명령에 따라 비윤리적인 결정을 내리거나, 법적인 절차를 무시할 경우 그 결과는 사회 전체에 큰 영향을 미칠 수 있다. 복종을 강요하는 문화가 자리 잡은 정부 조직에서는, 상급자의 명령이 법적 절차나 사회적 가치와 충돌할 때 부당한 결정을 내릴 위험성이 커진다.

하지만 민주주의 사회에서, 공직자는 국민의 이익과 법적 기준을 우선시해야 한다. 상급자의 명령이 법적이나 윤리적으로 문제가 될 때, 복종은 더 이상 의무가 아닌 문제 해결을 위한 대화와 대응으로 변해야 한다. 공직자가 자신의 직무와 상급자의 지시 사이에서 도덕적 판단을 할 수 있는 능력과 자율성이 보장되어야 한다.

복종의 미래: 자율성과 윤리적 기준

이제 우리는 복종이라는 개념을 더 이상 단순한 상하 관계의 규칙으로만 다뤄서는 안 된다. 모든 조직에서 복종은 법적, 윤리적 기준을 동시에 충족하는 방향으로 개선되어야 한다. 자율성과 비판적 사고는 하위 직원들이 상급자의 지시가 정당하고 합리적인지 스스로 판단할 수 있게 도와주며, 윤리적 기준을 강조하는 교육이 필요하다.

결국, 군대나 경찰만의 문제는 아니다. 모든 조직에서 복종은 권위주의적이지 않으며, 윤리적이고 합리적인 방향으로 재정의되어야 한다. 이를 통해 조직 내 신뢰와 책임감을 구축하고, 개인이 자신의 윤리적 책임을 지며 책임 있는 행동을 할 수 있는 환경을 만들어 가야 한다.

향후 법적 제도 개선 방향과
사회적 논의 필요성

명령과 복종이라는 개념은 단순히 조직 내에서 상급자의 지시를 따르는 문제에 그치지 않는다. 그 너머에는 법적 책임, 윤리적 판단, 그리고 사회적 가치가 얽히는 복잡한 문제가 존재한다. 군대나 경찰, 기업, 학교 등 다양한 분야에서 명령 복종은 중요한 규율이지만, 그 복종이 불법적이거나 비윤리적일 때 발생하는 갈등과 문제는 심각하다. 이러한 문제를 해결하기 위한 향후 법적 제도의 개선 방향과, 그에 대한 사회적 논의가 점점 더 중요한 시점에 다다랐다.

법적 제도 개선 방향: 명령 복종의 법적 한계와 기준 설정

명령을 따르는 것만으로 법적 책임을 면할 수 없다는 점은 여러 역사적 사례를 통해 이미 잘 알려져 있다. 하지만 아직도 많은 조직에서는 명령 복종이 무조건적인 의무로 받아들여지고, 상급자의 잘못된 명령에 대해서 하급자가 책임을 지지 않으려는 경향이 존재한다. 앞으로 법적 제도는 이런 문제를 해결할 수 있는 명확한 기준을 마련해야 한다.

예를 들어, 위법한 명령을 따를 경우 그 명령을 내린 상급자와 그 명령을 수행한 하급자에게 각각 책임을 묻는 기준을 명확히 할 필요가 있다. 이는 법원의 판결이나 군대와 경찰 내 규칙에서 더욱 구체화되어야 한다. 단순히 "명령을 따랐다"는 이유로 법적 책임을 회피하는 것은 비윤리적 명령을 무분별하게 실행하게 만들 수 있다. 이를 막기 위해서는 불법적 명령을 즉시 거부할 수 있는 법적 권리를 보장하거나, 상급자에게 책임을 부여하는 법적 장치를 마련해야 한다.

또한, 상급자가 내리는 명령이 법적, 윤리적으로 문제가 될 가능성을 사전적으로 점검할 수 있는 감시 시스템을 구축하는 것도 중요하다. 예를 들어, 군대나 경찰에서 명령 검토 시스템을 도입하여, 상급자의 명령이 법적으로 문제가 될 수 있으면 자동적으로 경고를 주는 시스템을 마련할 수 있다.

복종의 윤리적 기준: 자율성과 판단력의 존중

법적으로 명령을 따르는 것이 문제가 없더라도, 윤리적 책임을 고려하지 않은 복종은 사회적 갈등을 일으킬 수 있다. 예를 들어, 과잉 진압이나 인권 침해와 같은 사건에서, 상급자의 명령이 문제가 될 수 있다. 이런 경우, 하급자는 명령을 따르기보다는 자신의 윤리적 판단을 바탕으로 명령을 거부하거나 수정하는 것이 바람직할 수 있다.

자율성과 비판적 사고가 중요하다는 점은, 특히 현대 사회에서 더욱 부각되고 있다. 복종의 윤리적 기준은 단순한 복종을 넘어서 자기 결정권과 비판적 사고를 기반으로 해야 한다. 따라서 향후 법적 제도는 자율적 판단을 존중하는 방향으로 개선되어야 한다. 예를 들어, 명령을 수행하는 자가 자신의 윤리적 기준에 따라 명령을 거부하거나, 명령이 불법적이라면 자기 보호를 위한 법적 권리를 인정하는 법적 장치가 필요하다.

사회적 논의의 필요성: 명령 복종의 사회적 책임

명령 복종은 그 자체로 개인의 문제가 아니라, 사회적 책임이 따른다. 군대, 경찰, 기업, 학교 등 다양한 분야에서 복종의 윤리적 한계와 법적 책임에 대한 사회적 논의가 활성화되어야 한다. 이를 통해 부당한 명령이나 비윤리적인 명령이 실행되지 않도록 하는 사회적 기반을 마련할 수 있다. 특히, 군대나 경찰과 같은 강력한 권한을 가진 조직에서는 명령의 정당성과 법적 근거를 사회가 함께 점검하고 논의해야 한다. 시민사회가 그 과정에 적극적으로 참여하고, 사회적 감시가 이루어질 때, 복종의 문제가 더 이상 불법적이고 부당한 권위에 의한 것이라고 볼 수 없다. 또한, 복종의 윤리적 기준을 정립하기 위해서는 시민교육과 조직 내 교육이 강화되어야 한다. 기업이나 학교와 같은 민간 영역에서도 직원이나 학생들이 비윤리적인 명령에 대해 자기 결정권을 행사할 수 있도록 하는 교육이 필요하다. 이를 통해, 단순한 명령 복종을 넘어서 윤리적 자율성과 사회적 책임을 기르는 방향으로 나아가야 한다.

명령 복종의 새로운 패러다임

명령과 복종의 문제는 단지 법적인 쟁점에 그치지 않는다. 그것은 윤리적 판단과 사회적 가치가 얽히는 복잡한 문제다. 법적 제도는 명확한 기준을 마련하여 상급자와 하급자 간의 책임을 명확히 해야 하며, 윤리적 기준은 자율적 판단을 존중하는 방향으로 개선되어야 한다. 또한, 사회적 논의가 활성화되어 모든 조직에서 복종의 윤리적 한계와 법적 책임에 대한 논의가 이루어져야 한다. 이를 통해, 명령 복종이 단순히 규율을 따르는 것이 아닌, 자기 결정권과 윤리적 책임을 바탕으로 한 책임 있는 행동으로 발전할 수 있을 것이다.

제 **4** 장

명령과 복종의
조직적 측면

1

명령의 복잡성과
조직 내 권위

명령을 내리는 것은 단순히 "이렇게 하라"는 지시를 내리는 것에 그치지 않는다. 그 속에는 권위와 복종이 얽히고설킨 복잡한 상호작용이 일어나며, 조직의 기능을 유지하고, 상명하달의 질서를 지키기 위한 깊은 의도가 담겨 있다. 그러나 명령을 단순히 '지시'라고만 치부하면, 그 이면에 숨어 있는 권위와 책임, 그리고 때로는 법적 갈등을 간과할 수 있다. 각 조직에서 명령이 어떻게 전달되고, 복종이 어떻게 이루어지는 지에 대한 이해는 조직 내 권위의 본질을 제대로 파악하는 데 필수적이다.

특히 군대나 경찰 같은 특수 조직에서는 명령이 더욱 복잡하게 얽히고, 그 위법성 여부가 중요한 논란을 일으킨다. 군대에서 상관의 명령은 거의 신성불가침에 가까운 의무로 여겨지지만, 그 명령이 법적으로 위법할 경우에는 어떻게 해야 할까? 예를 들어, 명령이 위법한 상황에서 부하가 그 명령을 신속히 이행해야 한다면, 과연 그 부하에게 법적 책임을 묻는 것이 정당한가? 이런 질문은 군대뿐만 아니라 경찰이나 다른 특수 조직에서 끊임없이 제기된다.

군대에서는 명령을 신속하게 수행하는 것이 중요하므로, 부하가 명령이 위법하다는 사실을 알지 못한 경우, 법적 책임을 어떻게 처리해야 할 것인지가 주요한 쟁점으로 떠오른다. 대부분의 법학자와 판례는 명령의 신속성과 효율성을 고려하여 부하의 책임을 제한적으로 인정하는 경향을 보인다. 즉, 위법성을 인식하지 못했다면, 책임이 면책될 수 있다는 것이다.

특히, 군형법 등 법적 체계에서 '상관'의 개념을 다루고, 여러 해석론과 문제점을 심도 깊게 분석할 것이다. 위법한 명령을 받은 부하가 법적으로 어떤 책임을 져야 하는지에 대한 명확한 규정이 부족하기 때문에, 다양한 국가들의 사례와 비교법적 고찰을 통해 이를 명확히 할 필요가 있다. 또한, 위법한 명령에 따른 복종의 한계를 논의하며, 군인의 윤리적 기준에 맞춰 상관의 명령 남용을 방지할 수 있는 규제 방안을 제시하고자 한다.

상관의 명령이 법적, 윤리적 기준에 맞지 않으면, 조직의 기능이 약화되고 전투력 저하나 사회적 신뢰 상실로 이어질 수 있다. 명령과 복종에 대한 건강한 이해와 합리적인 논의가 필요하다. 상급자가 하급자에게 내려야 하는 명령의 정당성을 확보하고, 복종의 의무와 한계를 명확히 함으로써, 군 조직을 포함한 모든 조직이 경직되지 않고 효율적이며 생기 있게 운영될 수 있도록 해야 한다.

이 문제에 대한 규명은 단순히 법적 책임을 넘어, 군대와 같은 특수 조직의 효율성을 높이고, 상명하달 체계의 경직성을 피할 수 있는 중요한 논의가 될 것이다. 결국, 명령과 복종의 관계를 제대로 이해하고 규명하는 일은 조직을 건강하게 유지하고 발전시키는 데 중요한 기여를 할 것이다.

2

인간사회와
조직에서의 복종

조직이란 본질적으로 사람들이 공동의 목표를 달성하기 위해 협력하는 체계적인 구조로, 우리가 일상에서 접하는 모든 조직은 효율적으로 운영되기 위해 반드시 따라야 할 원칙들이 있다. 이러한 원리들은 각자의 역할을 명확히 나누고, 책임과 권한을 계층적으로 배분하며, 전체가 원활하게 운영되도록 돕는 중요한 역할을 한다. 조직은 기본적으로 구조적이고 계획적인 특성을 지니며, 이를 통해 각 구성원에게 뚜렷한 역할을 부여하고, 효율적인 업무 분담이 이루어지도록 한다.

조직의 일반 원리와 결정 요인

조직이 제대로 기능하기 위해서는 각 구성원의 역할이 명확하게 정의되어야 하고, 그에 따른 권한과 책임이 잘 분배되어야 한다. 또한, 명확한 지휘 체계가 필요하며, 전체 조직이 하나의 공통된 목표를 향해 통합적으로 움직여야 한다. 이러한 원리는 19세기말 과학적 관리론에서 출발해 Gulick, Urwick, Mooney, Fayol 등의 학자들이 체계적으로 정리하고 연구한 결과물로, 오늘날까지도 많은 조직 이론의 근본적인 기초가 되고 있다.

대규모 조직에서 나타나는 중요한 원리 중 하나는 계층제의 원리이다. 상하 구조가 피라미드처럼 형성되어 각 계층은 고유의 권한과 책임을 가지며, 조직 내 권력과 책임의 분배를 명확히 한다. 예를 들어, 정부기관에서는 계장, 과장, 국장, 장관 등의 계층으로 나뉘며, 각 계층은 명확한 권한을 지니고 서로 다른 업무를 담당한다. 또 다른 중요한 원리는 통솔범위의 원리로, 이는 한 명의 상관이 관리할 수 있는 부하의 수가 한정되어 있음을 말한다. 즉, 사람마다 효율적으로 관리할 수 있는 범위가 다르기 때문에, 대체로 소수의 부하를 관리하는 것이 더 효과적이다.

　　명령통일의 원리도 중요한 원리로, 조직 내에서는 각 구성원이 반드시 하나의 상관에게만 명령을 받아야 한다는 원칙이다. 이를 통해 권위가 집중되고, 의사결정이 일관되게 이루어질 수 있다. 또한 분업의 원리는 각 구성원이 하나의 주요 업무를 맡아야 한다는 것으로, 이를 통해 전문화가 이루어지고 업무 효율성이 높아지며, 의사결정 과정에도 중요한 영향을 미친다. 마지막으로 조정의 원리는 조직이 공통된 목표를 달성하려면 각 구성원의 노력이 잘 통합되고 질서 있게 정리되어야 한다는 원칙이다. 이 원리는 J.D. Mooney가 조직의 첫 번째 원리로 강조했으며, 다른 원리들이 이를 보완하는 역할을 한다.

　　조직의 구조는 그 자체로 단순한 기능적 배열을 넘어서서 여러 내부 및 외부 요인에 영향을 받는다. 조직은 구성원들의 감정이나 욕구에 의해 움직이는 것이 아니라, 목적을 달성하기 위한 일정한 구조와 관계에 따라 움직인다. 이 구조는 '조직의 구조'라 불리며, 이는 조직 내 각 부서와 구성원들 간의 관계를 명확히 규정하는 체계이다. 구조는 역할 분담과 반복적인 행동 패턴을 결정짓고, 권력 배분, 의사결정 흐름, 자율성 및 재량권 등을 정의한다.

조직 구조의 중요한 요소 중 하나는 복잡성이다. 조직 내에서 얼마나 많은 분화가 이루어졌는지에 따라 복잡성이 달라지며, 복잡한 조직은 수평적, 수직적, 공간적 분화가 많고 그에 따른 복잡한 관리 체계가 요구된다. 공식화는 조직 내에서 역할, 권한, 업무 수행 규칙 등이 공식적으로 성문화되는 현상으로, 공식화가 높으면 기계적이고 경직된 구조를 갖게 되며, 반대로 공식화가 낮으면 유연하고 창의적인 구조를 유지할 수 있다. 또 다른 중요한 요소는 집권화이다. 의사결정 권한이 상위 계층에 집중되는 집권화가 이루어지면, 하위 계층에 의사결정 권한을 분산시키는 분권화가 가능하다.

　　조직 구조의 결정 요인은 매우 다양하다. 조직의 규모가 커질수록 관리의 복잡성이 증가하며, 이에 따라 공식화와 분화가 필수적으로 요구된다. 반면 작은 조직은 공식화와 분화가 적은 경향을 보인다. 기술 또한 중요한 요소인데, 조직이 사용하는 기술이 표준화된 경우 공식화와 집권화가 필요하지만, 비일상적이고 창의적인 기술을 사용할 경우 분권화가 더 효율적일 수 있다. 환경 역시 조직 구조에 큰 영향을 미친다. 안정적이고 단순한 환경에서는 공식화와 집권화가 적합하지만, 불안정하고 복잡한 환경에서는 분권화된 구조가 더 효과적이다. 마지막으로 권력과 정치적 요소도 중요한 역할을 한다. 고위층에 권력이 집중되면 수직적 분화와 집권화가 이루어지고, 권력이 분산되면 수평적 분화와 분권화가 이루어진다.

조직에서의 의사전달

　　의사전달은 조직 내에서 정보를 교환하고 상호 이해를 도출하는 중요한 과정이다. 이를 통해 구성원들은 공통된 목표를 향해 일관되게 행동할 수 있게 된다. C.I. Barnard는 조직의 핵심 요소로 '공통의 목적', '협동 의사', 그리고 '의사전달'을 들었으며, 의사전달이야말로 이러한 목표를 이루기 위한 중요한 다리 역할을 한다고 강조했다.

　의사전달의 주요 기능은 조직 내의 노력을 하나의 공동 목표로 조정하고, 의사결정을 합리적으로 내리는 데 있다. 의사전달이 원활하게 이루어지지 않으면, 조정과 의사결정에 문제가 생기고, 결과적으로 조직의 목표 달성에 지장을 줄 수 있다. 의사전달은 공식적 방식과 비공식적 방식으로 나뉘는데, 공식적 의사전달은 조직 내 공식적인 통로를 통해 이루어지는 정보 전달 방식으로, 상의하달, 하의상달, 횡적 의사전달로 구분된다. 상의하달은 상급자가 하급자에게 명령이나 정보를 전달하는 방식이고, 하의상달은 하급자가 상급자에게 정보를 전달하는 방식이다. 횡적 의사전달은 동등한 계층 간에 이루어지는 의사전달을 말한다. 반면, 비공식적 의사전달은 공식적인 통로를 벗어난 비공식적인 네트워크를 통해 이루어지는 정보 전달로, 때로는 중요한 정보를 신속히 전달할 수 있지만, 부정확한 정보가 퍼질 위험도 내포하고 있다. 효과적인 의사전달을 위해서는 명료성, 일관성, 적당성, 적시성, 분포성 등의 원칙이 필수적이다. 이를 통해 정보의 정확성과 일관성을 유지하고, 필요한 정보가 적시에 전달될 수 있도록 해야 한다. 의사전달의 장애는 다양한 요인에서 발생할 수 있다. 전달자와 피전달자 간의 차이나 의사전달 과정에서의 실수, 의사전달 수단의 문제 등이 대표적인 장애 요인으로, 이를 해결하려는 노력은 의사전달의 효율성을 높이는 데 매우 중요하다. 효과적인 의사전달을 위해서는 그 중요성을 인식하고, 진정한 담론을 통해 상호 이해를 증진시키며, 회의나 토의 등을 통해 상호 접촉을 늘리고, 명확한 언어와 일관된 메시지를 사용하는 것이 중요하다.

3

조직 내
명령의 구조와 원리

조직이 원활하게 돌아가려면 무엇이 필요할까? 바로 명확한 원리가 뒷
받침되어야 한다. 19세기 후반, 과학적 관리론이 대두되면서 여러 조직
이론가들이 효과적인 조직 운영을 위한 원리들을 제시했다. 이들 이론
은 단순히 사람들이 모인 집단을 넘어, 각 구성원이 효율적으로 협력하
고 상호작용할 수 있는 체계를 만들기 위한 중요한 기준이 된다.

　조직의 원리 조직은 목표를 달성하기 위해 구성원들의 활동을 효율
적으로 조정하는 구조이다. 각 구성원은 맡은 업무를 수행하고, 서로 명
령을 주고받으며 협력한다. 이때 명령은 구성원의 책임을 명확히 하고,
주어진 임무를 완수하게 유도하는 중요한 역할을 한다. 그러나 조직이
원활하게 운영되기 위해서는 지켜야 할 기본 원리가 존재한다.
　명령을 내리는 행위는 단순한 지시를 넘어선다. 그것은 권위와 복종
이 얽힌 복잡한 상호작용을 포함하며, 조직의 기능을 유지하고 상명하
달의 질서를 확립하려는 의도가 담겨 있다. 만약 명령을 단순히 '지시'라
고만 본다면, 그 이면에 숨은 권위, 책임, 법적 갈등을 놓칠 수 있다. 명
령이 어떻게 전달되고, 복종이 어떻게 이루어지는지를 이해하는 것은

조직 내 권위의 본질을 제대로 파악하는 데 필수적이다.

특히 군대나 경찰과 같은 특수 조직에서는 명령이 더욱 복잡하게 얽히며, 그 위법성 여부가 중요한 논란을 일으킨다. 군대에서 상관의 명령은 신성불가침에 가까운 의무로 여겨지지만, 그 명령이 법적으로 위법일 경우 어떻게 해야 할까? 예를 들어, 명령이 위법한 상황에서 부하가 이를 신속히 이행해야 한다면, 그 부하에게 법적 책임을 묻는 것이 정당한가? 이러한 질문은 군대뿐만 아니라 경찰 등 특수 조직에서 계속 제기된다.

형법 제20조(정당행위)에서는 적법한 명령에 대한 복종을 '정당행위'로 인정하여 위법성을 조각한다고 명시하고 있다. 이는 국가기관의 정당한 의사를 실현하기 위한 것이다. 그러나 군대나 경찰 내에서 명백히 위법한 명령이 내려지는 경우가 적지 않다. 이때, 부하가 명령을 따랐다면 법적 책임을 면할 수 있을지, 아니면 책임을 져야 할지를 놓고 논란이 지속된다.

군대에서는 명령을 신속하게 수행하는 것이 중요한 만큼, 명령을 따르는 부하가 그것이 위법하다는 사실을 알지 못한 경우, 법적 책임을 어떻게 처리해야 할 것인지가 중요한 문제로 떠오른다. 대체로 법학자와 판례는 명령의 신속성을 고려해 부하의 책임을 제한적으로 인정하는 경향이 있다. 즉, 위법성을 인식하지 못했다면, 책임이 면제될 수 있다는 것이다.

계층제의 원리 조직은 대개 피라미드 형태의 계층 구조를 형성한다. 상위 계층이 결정을 내리고, 하위 계층은 이를 실행하는 구조로, 각 계층 간의 역할과 책임이 명확히 구분된다. 예를 들어, 기업에서는 CEO,

부사장, 팀장, 직원이 각기 다른 역할을 맡고 있으며, 이 계층적 구조 덕분에 조직이 효율적으로 운영될 수 있다.

통솔범위의 원리 한 명의 상관이 관리할 수 있는 부하의 수를 의미한다. 너무 많은 사람을 관리하려 하면 의사소통의 효율성이 떨어진다. 이상적인 통솔범위는 한 사람이 효과적으로 관리할 수 있는 인원수에 맞춰져야 한다. 예를 들어, 팀장이 관리하는 팀원이 너무 많으면, 업무에 차질이 생기거나 혼선이 일어날 수 있다.

명령통일의 원리 이 원리는 모든 구성원이 한 명의 상관에게만 명령을 받고, 그에게만 보고해야 한다는 원칙이다. 여러 명의 상관에게 지시를 받으면 혼란이 발생하고, 명령의 일관성이 떨어질 수 있다. 따라서 모든 명령은 하나의 출처에서 나와야 한다.

분업의 원리 분업은 각자가 전문화된 업무를 맡도록 하는 원리다. 예를 들어, 마케팅팀은 마케팅 업무만, 인사팀은 사람과 관련된 업무만 담당한다. 이렇게 분업을 통해 각 구성원은 자신이 가장 잘할 수 있는 일에 집중하게 되고, 업무의 효율성이 높아진다.

조정의 원리 조정은 각 부서와 사람들의 활동이 하나의 목표를 향해 나아가도록 만드는 중요한 과정이다. 서로 다른 부서나 팀이 독립적으로 움직일 경우 불협화음이 발생할 수 있기 때문에, 모든 활동이 하나의 공통된 목표를 향해 일관되게 나아가도록 해야 한다. 이를 책임지는 사람은 바로 '조직책임자'다.

조직 구조와 결정 요인

조직의 구조는 각 구성원의 역할과 관계를 어떻게 설정할지에 대한 중요한 질문이다. 조직은 단순히 사람들이 모여 있다고 해서 저절로 형성되는 것이 아니다. 효율적으로 운영되기 위해서는 규칙과 관계의 구조가 필요하다. 이 구조가 바로 조직을 원활하게 만드는 핵심적인 요소다.

조직구조란? 조직 구조는 각 구성원이 맡은 역할을 효율적으로 분배하고, 협력할 수 있도록 만드는 방식이다. 이는 각 사람의 역할을 정의하고, 상호작용의 방식을 결정하며, 의사결정이 어떻게 이루 어질지를 정의한 시스템이다.

복잡성 복잡성은 조직 내 분화의 정도를 말한다. 분화가 클수록 조직은 복잡해지고, 반대로 분화가 적으면 조직은 단순해진다. 예를 들어, 대기업은 다양한 부서가 전문화되어 있어 복잡성이 높다. 반면, 스타트업은 상대적으로 단순한 구조를 가질 수 있다.

공식화 공식화는 조직 내 규칙과 절차가 얼마나 명확히 정의되어 있는지를 말한다. 공식화가 높으면 조직은 기계적이고 규격화된 구조를 따르며, 반대로 공식화가 낮으면 더 유연하고 비공식적인 구조가 형성된다. 예를 들어, 대기업이나 정부기관은 매우 공식적인 절차를 따르지만, 창의적인 환경에서는 유연성이 더 중요할 수 있다.

집권화 집권화는 의사결정권이 상위 계층에 집중되는 현상을 말한다. 반대로, 분권화는 의사결정권이 하위 계층으로 분산되는 경우를 의미한다. 집권화가 강한 조직은 상위 계층에서 대부분의 결정을 내리며, 분권화가 강한 조직은 하위 계층에서도 독립적으로 결정을 내리는 구조가 된다.

조직구조를 결정하는 요인 조직 구조는 다양한 외부 및 내부 요인에 의해 영향을 받는다. 그중 가장 중요한 요인은 전략, 규모, 기술, 환경, 권력과 정치다.

조직 규모 조직 규모가 크면 복잡성이 증가하고, 이에 따라 수평적·수직적 분화가 필요하다. 예를 들어, 대기업은 여러 부서와 독립적인 조직 단위가 존재한다.

기술 조직이 사용하는 기술은 구조에 큰 영향을 미친다. 표준화된 기술을 사용하는 조직은 공식화와 집권화가 높고, 비표준화된 기술을 사용하는 조직은 더 유연하고 분권화된 구조가 필요하다.

환경 환경이 안정적일 때는 전통적이고 기계적인 조직 구조가 효율적일 수 있지만, 환경이 불확실하고 빠르게 변화하는 경우에는 유연한 구조가 필요하다. 예를 들어, IT기업이나 스타트업은 변화에 빠르게 대응할 수 있는 구조를 필요로 한다.

4

특수 조직에서의
명령 관계

우리가 일반적으로 생각하는 조직이라 함은 보통 회사나 정부 기관처럼 정해진 규칙과 명확한 구조를 갖춘 조직을 떠올린다. 하지만 세상에는 이와는 다른, 조금 더 특수한 조직들도 존재한다. 예를 들어, 군대, 경찰, 구급대, 또는 인도적 구호 활동을 펼치는 단체들까지. 이들 조직은 우리가 흔히 접하는 일반 기업들과는 그 특성상 매우 다르다. 각 조직마다 그 목적이나 기능, 구성원들의 역할에 따라 명령의 관계도 달라지기 때문이다. 그렇다면, 특수 조직에서 명령 관계는 어떻게 설정되고 운영될까? 그 비밀을 들여다보자.

특수 조직의 특성: 명령이 생명이다

우리는 일반적으로 회사나 학교처럼 규칙과 역할이 명확한 조직을 떠올린다. 하지만 군대, 경찰, 구급대, 소방대와 같은 특수 조직은 그 성격이 전혀 다르다. 이들은 단순히 업무를 처리하는 조직이 아니라, 생명과 안전을 지키는 조직으로, 그들이 수행하는 임무 자체가 긴박하고 위급하다. 그만큼 특수 조직에서는 다른 조직에서 요구되는 것과는 차원이 다른, 독특한 명령 체계와 즉각적인 의사결정이 필수적이다.

이들 특수 조직의 가장 큰 특징은 바로 '속도'와 '효율성'이다. 군대에서는 전쟁 중 중요한 순간에 한 번의 실수가 전체 전투의 흐름을 바꿀 수 있고, 경찰은 범죄 현장에서 즉각적인 판단을 내려야 할 때가 많다. 구급대와 소방대는 생명이 걸린 상황에서 일초라도 더 빨리 대응해야 한다. 이런 순간에서 시간이 지체되면 돌이킬 수 없는 피해를 초래할 수 있기 때문에, 모든 구성원이 즉시 행동할 준비가 되어 있어야 한다.

특수 조직에서는 단순히 "명령을 따른다"는 차원을 넘어, "빠르고 정확한 판단"이 중요하다. 군대에서는 상급자의 명령이 생명선이 되기도 하고, 경찰이나 구급대는 현장의 상황에 따라 즉흥적으로 결정을 내려야 할 때가 많다. 이때 중요한 건 혼란을 방지하고, 책임을 분명히 하며, 무엇보다 팀워크를 유지하는 것이다. 그리고 이 모든 것이 명확한 명령 체계를 통해 가능하다.

또한, 특수 조직은 고도로 전문화된 훈련을 받은 인원들로 구성된다. 이들은 각자의 역할에서 뛰어난 능력을 발휘할 수 있도록 철저히 준비된 사람들이다. 그렇기 때문에 자율성과 책임감도 중요한 역할을 한다. 예를 들어, 소방대 현장에서는 지휘관이 모든 결정을 내리기보다는, 중간급 대원들이 현장 상황을 파악하고 즉각적으로 판단을 내리는 경우도 많다.

그렇다면 특수 조직에서 명령 관계가 중요한 이유는 무엇일까? 바로, "혼란을 막고 신속하게 목표를 달성"하기 위해서다. 명확한 명령 체계는 각자가 맡은 역할을 명확히 하고, 무엇을 언제 해야 할지 알게 해 준다. 이로 인해 구성원들은 빠르게 움직일 수 있으며, 전체 조직이 하나의 목표를 향해 일사불란하게 나아가게 된다.

따라서 특수 조직에서 명령 관계는 단순히 "지시를 따른다"는 차원을 넘어서, 목표 달성의 핵심이자 생명과 직결된 문제임을 이해해야한다.

우리는 일반적으로 회사나 학교처럼 정해진 규칙과 명확한 역할이 있는 조직을 떠올리기 쉽다. 하지만 군대, 경찰, 구급대, 소방대와 같은 특수 조직은 그 성격이 전혀 다르다. 이들은 단순히 업무를 처리하는 조직이 아니라, 생명과 안전을 지키는 조직으로, 그들이 처리하는 일의 성격 자체가 긴박하고 위급하다. 그렇기 때문에 특수 조직에서는 다른 조직과 비교할 수 없는 독특한 명령 체계와 즉각적인 의사결정이 요구된다.

이들 특수 조직의 가장 큰 특징은 바로 '속도'와 '효율성'이다. 예를 들어, 군대에서는 전쟁 중에 결정적인 순간에 한 번의 실수가 전체 전투의 흐름을 바꿀 수 있다. 경찰은 범죄 현장에서 순간적인 판단을 내려야 할 때가 많고, 구급대와 소방대는 생명이 오가는 상황에서 일초라도 더 빨리 대응해야 한다. 이런 상황에서 시간이 지체되면 돌이킬 수 없는 피해가 발생할 수 있기 때문에, 모든 구성원이 즉각적으로 행동할 수 있어야 한다.

이런 특수 조직에서 중요한 건, 단순히 "명령을 따르는 것"을 넘어, "빠르고 정확한 판단"이다. 군대에서는 상급자의 명령이 곧 생명선이 되기도 하고, 경찰이나 구급대는 현장 상황에 맞춰 즉흥적으로 결정을 내려야 할 때가 많다. 이런 상황에서는 혼란을 막고, 책임을 분명히 하며, 무엇보다도 팀워크를 유지하는 것이 중요하다. 그리고 이 모든 것이 명확한 명령 관계를 통해 이루어진다.

또한 특수 조직은 고도로 전문화된 훈련을 받은 인원들로 구성된다. 이들은 각자 맡은 역할에서 뛰어난 능력을 발휘할 수 있도록 철저히 준비된 사람들이다. 그만큼, 조직 내에서 자율성과 책임감도 중요한 역할을 한다. 예를 들어, 소방대 현장에서 지휘관이 모든 결정을 내리지는 않는다. 현장 상황에 맞게 중간급 대원이 스스로 판단하고 즉각적인 행동을 취하는 경우가 많다.

그렇다면 특수 조직에서 명령 관계가 중요한 이유는 무엇일까? 바로, "혼란을 막고, 신속하게 목표를 달성"하기 위해서이다. 명확한 명령 체계는 각자가 맡은 역할을 확실히 하고, 언제 무엇을 해야 할지 알게 한다. 이로써 각 구성원은 빠르게 움직일 수 있으며, 전체 조직이 하나의 목표를 향해 일사불란하게 나아가게 된다.

따라서 특수 조직에서의 명령 관계는 단순히 "지시를 따른다"는 수준을 넘어서, 목표 달성의 핵심이자 생명과 직결된 문제임을 이해할 필요가 있다.

구급대와 소방대의 명령 관계

구급대와 소방대는 일반적으로 매우 빠른 의사결정과 협력이 중요한 환경에서 일한다. 특히 화재 현장이나 사고 현장에서는 구조 작업이 지체되면 인명 피해로 이어질 수 있기 때문에, 명령 관계가 매우 중요하다.

이들 조직의 명령 관계도 "계층적이고 직급 중심"으로 설정된다. 예를 들어, 소방대에서는 현장에 도착한 지휘관이 상황을 빠르게 파악하고, 그에 맞는 명령을 내려야 한다. 그러나 이 조직에서는 특이하게도 '자율성'도 중요한 역할을 한다. 현장의 특수한 상황에서는 중간급 대원이 명령을 하기도 하고, 각 팀원이 자율적으로 상황을 판단해 움직이는 경우도 많다. 이는 현장의 복잡성과 긴박함 때문에 가능한 점이다.

또한, 구급대의 경우에도 구급차의 의료진은 도착 즉시 환자의 상태를 빠르게 판단하고 즉시 치료를 시작해야 하므로, 상급자의 명령보다는 '현장 판단'이 더 중요할 때도 많다. 다만, 이런 경우에도 상급자는 전체적인 계획과 대응 방안을 제공하며, 그 범위 내에서 자율적으로 움직이는 식이다.

특수 조직에서 명령 관계가 중요한 이유

그렇다면 왜 특수 조직에서 명령 관계가 이렇게 중요할까? 그 이유는 단순하다. 특수 조직은 많은 경우, 빠른 판단과 즉각적인 행동이 요구되는 상황에서 활동하기 때문이다. 이러한 환경에서 명령 관계가 명확하지 않으면 혼란이 일어나고, 심각한 결과를 초래할 수 있다.

위기 상황에서의 빠른 의사결정 특수 조직에서는 상황이 예기치 않게 급변할 수 있기 때문에, 의사결정이 지체되면 큰 문제가 생긴다. 명확한 명령 체계는 지시를 받는 사람이 무엇을 해야 할지 확실히 알고, 빠르게 행동에 옮길 수 있게 만든다.

책임 분담과 충돌 방지 명확한 명령 관계는 책임의 경계를 명확히 한다. 누가 무엇을 해야 할지 확실히 구분되므로, 명령을 받은 사람이 이행하지 않거나 잘못 이행했을 경우, 책임이 누구에게 있는지 명확하게 할 수 있다. 또한, 여러 명이 동시에 명령을 받지 않도록 하여, 명령의 충돌을 방지한다.

팀워크와 협력 특수 조직에서는 각 구성원이 맡은 역할을 정확히 수행해야 팀워크가 제대로 형성된다. 명확한 명령 관계는 각자가 자신에게 주어진 역할에 집중할 수 있도록 하며, 효율적인 협력을 유도한다.

결론적으로 특수 조직에서의 명령 관계는 그 자체로 조직의 효율성과 안전을 보장하는 중요한 기둥이다. 군대, 경찰, 구급대, 소방대 등은 모두 빠르고 정확한 명령 전달과 그에 따른 실행이 중요한 조직이다. 각 조직마다 명령 관계는 그 성격과 상황에 맞게 구조화되며, 이 구조가 바로 위기 상황에서 빠르고 효과적인 대응을 가능하게 만든다. 따라서 특수 조직에서 명령 관계를 이해하는 것은 단순히 이론적인 것이 아니라, 실제로 그 조직이 원활하게 작동하고 목표를 달성하는 데 필수적인 요소라는 점을 인식해야 한다.

5

군대조직의
목적과 특성

군대는 단순한 조직이 아니라, 국가의 생명선과 같은 존재다. 외부의 침략으로부터 국가의 '사활이 걸린 이익(vital interest)'을 방어하는 임무를 수행하는 군대는, 국가를 대신해 조직화된 폭력을 사용하는 집단으로, 이들은 극한의 상황에서 생명과 안전을 지키는 역할을 한다. 군인들은 자국을 보호하기 위해 적을 파괴하고, 상황에 따라 자신의 생명까지 희생할 각오를 해야 한다. 물론 전투가 없는 평화의 시간도 존재하며, 전시에는 모든 군인이 전투에 참여하는 것도 아니다. 그러나 군대의 본질적 임무는 언제나 국가의 이익을 지키고, 필요할 때는 전쟁을 수행하는 데 있다.

군대조직의 가장 중요한 특징 중 하나는 전투뿐만 아니라, '전투 준비'와 '자원 관리' 역시 핵심적인 역할을 한다는 것이다. 전쟁을 예방하고, 만약 전쟁이 일어난다면 고도의 전투 준비 상태를 유지하는 것이 군대의 주요 임무 중 하나다. 군대는 단순히 전투에만 의존하지 않으며, 그 외에도 군사력의 유지와 효율성을 높이는 다양한 기술적, 행정적 과업들이 반드시 수행된다. 하지만 그럼에도 불구하고 군대의 본질은 여전히 '전투'에 있다는 점을 부정할 수 없다. 전투가 군대의 핵심적 가치이며, 군대가 존재하는 이유이기도 하다.

군대는 '국가를 대신한 폭력 행사'라는 중요한 임무를 수행하기 위해 존재한다. 정부는 군대를 통제하며, 군대는 정부의 명령을 따르는 조직으로 기능해야 한다. 이 점에서 군대는 민간의 범죄조직이나 반란군과는 확연히 구별된다. 군대는 국가의 폭력 사용 권한을 합법적으로 행사하는 조직이므로, 그 명령을 따르는 것은 법적으로도 정당하다. 또한 군대는 반드시 정부의 지시에 따라야 하며, 이를 통해 국가의 정책을 실현하는 중요한 수단이 된다.

군대는 위계질서를 기반으로 한 '계급 구조'로 조직되어 있다. 이 위계질서는 군대의 복종 문화와 밀접한 관계가 있다. 군대에서 중요한 덕목은 바로 '충성'과 '복종'이다. 군인은 상관의 명령에 대한 무조건적인 복종을 통해 조직의 목표를 달성해야 한다. 헌팅턴은 군대에서 복종이 최고 덕목임을 강조하며, 군대가 명령 복종을 통해 효율적으로 작동한다고 말했다. 군인에게 있어 목표는 단순히 명령을 따르는 것이 아니라, 빠르고 정확한 실행이다. 군인의 역할은 명령을 받았을 때 그 명령을 빠짐없이 이행하는 것이며, 그 이행 과정에서의 신속성과 효율성에 의해 평가된다.

군대에서 '상명하복'은 단순한 명령 체계가 아니라, 군의 존재와 기능을 유지하기 위한 핵심적인 규범이다. 하위 제대는 상위 제대의 명령에 절대적으로 복종하며, 이를 통해 군대는 효율적으로 작동한다. 군대의 목적은 국가의 목표를 달성하는 것이며, 이를 위해 하향식 명령이 필수적이다. 상관의 명령이 하급자에게 정확하게 전달되고, 하급자는 이를 즉시 실행할 준비가 되어 있어야 한다. 이 구조가 없다면 군대라는 조직은 제대로 기능할 수 없다.

결론적으로, 군대는 국가의 목표를 달성하기 위한 수단으로써, 그 존재와 활동이 국가의 이익과 밀접하게 연결되어 있다. 군대의 목적은 단순히 전투를 수행하는 것이 아니라, 국가의 안전과 이익을 보호하기 위한 전반적인 군사적 활동에 있다. 그리고 이러한 목적을 달성하기 위해 군대는 위계적 구조와 명령 복종의 체계를 필수적으로 유지해야 한다. 군인들은 자신에게 주어진 명령을 충실히 수행함으로써, 국가를 위해 헌신하고, 그로서 군대는 그 존재 이유를 다한다.

군 조직구조의 역사: 시대를 거쳐 변화한 군대의 모습

현대 군대의 조직은 단순한 명령과 복종의 틀을 넘어섰다. 하지만 이런 변화가 가능하기까지 군대의 조직구조는 수천 년에 걸친 역사를 통해 발전하고 변형되었다. 군대는 각 시대마다 그 시대의 정치적, 사회적 요구에 맞춰 변화를 거듭했고, 그 구조도 시대마다 달라졌다. 고대부터 근대에 이르기까지 군대 조직의 발전과 변화를 살펴보자.

고대 군대 조직 고대 로마의 군대는 당시 군사 조직을 대표하는 모델 중 하나로, 레기 옹(legion)이라는 군단을 중심으로 운영되었다. 레기 옹은 3,000명에서 6,000명의 보병으로 구성되었으며, 이를 더 작은 부대인 '코르테스'와 '마니 풀리'로 나누어 작전의 유연성을 확보할 수 있었다. 군대의 핵심은 '질서'였고, 명령을 받는 즉시 철저히 복종해야 했다. 불복종은 사형에 처해질 정도로 엄격한 규율이 존재했다.

봉건군대의 등장 중세 유럽의 군대는 고대의 조직화된 군대와는 상당히 다른 모습이었다. 당시 군대는 대부분 가문의 남성들이 중심이 되어 무기만 들고 싸우는 형태였기 때문에 조직적인 군사 훈련이나 구조화된 규율이 거의 없었다. 또한, 중세의 기사들은 충성심이 부족하고 개인적인 행동을 선호했기 때문에 전투 대형을 이루기 어려웠다. 이런 군대는 사실상 '무질서한 집합체'에 가까웠다.

중세 후반, 용병 군의 출현하지만 중세 후반부터 상황은 바뀌기 시작했다. 성주나 영주들은 군사적 필요가 있을 때 '용병'을 고용하여 군대를 조직했다. 용병대장인 콘도티에르(Condottiere)는 군대의 규모를 키우고, 하급 간부를 선거로 뽑는 등의 방법으로 군을 운영했다. 이 시기부터 군대는 일정 부분 계급 제도와 위계질서가 생기며, 이를 통해 큰 규모의 군사를 지휘할 수 있게 되었다. 그러나 용병대장들이 귀족 출신이 아니어서 그들의 권위가 상대적으로 약했다.

근대 군대의 전문화 16세기에서 17세기 사이, 군사 분야에서 중요한 변화가 일어났다. 네덜란드, 스웨덴, 영국에서는 귀족 출신의 지도자가 아닌, 보다 전문화된 군사적 능력을 갖춘 인물들이 군을 이끌기 시작했다. 이들 국가에서는 군대가 '국가 소속'의 조직으로 변화했으며, 고대 로마 군대처럼 체계적인 훈련과 명령 복종이 강화되었다. 또한, 전투에서의 밀집 전술에서 벗어나 선형 전술을 채택하면서, 개별 군인 간의 높은 의존성과 협동이 중요해졌다. 제식 훈련의 도입과 불복종에 대한 엄격한 처벌은 군사 조직에 새로운 질서를 불어넣었다.

귀족주의의 부활과 군대의 변화 18세기 들어 군대에는 귀족주의의 부활이 일어났다. 특히 프러시아와 프랑스에서는 군의 간부를 귀족 출신으로 채우려는 경향이 강해졌다. 이로 인해 군대 내부에서 장교와 병사 간의 사회적, 문화적 차이가 더욱 심화되었다. 귀족 출신 장교들은 더 많은 특권을 누렸고, 병사들은 귀족에 대한 복종을 강요받았다. 하지만 이러한 귀족주의적 시스템은 효율성을 떨어뜨리기도 했다.

나폴레옹 군대와 군대의 전문화 나폴레옹 전쟁 시대가 오면서 군대의 조직은 또 한 번 중요한 변화를 겪었다. 귀족 출신의 장교들이 독점하던 군대의 통제는 끝을 맞이했고, 대신 군사적 효율성과 전문성이 강조되기 시작했다. 프러시아에서도 군 개혁자들이 등장하여 군대의 조직을 혁신하고, 더 이상 귀족적 출신에 의존하지 않고 군사적 기술과 지식이 중요한 기준이 되었다. 이러한 변화는 군사 훈련과 전략의 질적 향상으로 이어졌고, 군대는 점점 더 전문화되고 효율적으로 변해갔다.

현대군대의 변화 19세기말부터 20세기 초까지 군대는 기계적인 복종에서 벗어나 점차 유연하고 효율적인 구조로 발전했다. 특히 제1차 세계대전을 거치면서, 고도로 전문화된 병과와 기술의 발달, 그리고 군사 작전의 복잡화는 군대의 조직을 더 이상 기계적인 명령 복종으로만 운영할 수 없게 만들었다. 이제 군대는 보다 창의적이고 전략적인 사고를 필요로 하는 조직으로 변화해가고 있다.

이처럼 군대의 조직구조는 시대마다 그 성격과 구조가 달라졌다. 초기에는 개인적인 충성심과 무질서한 군대에서 출발하여, 점차 전문화된 군사 조직으로 발전해 나갔다. 각 시대의 군대는 그 당시의 사회적, 정치적 필요에 맞춰 진화했으며, 그 변화는 오늘날 현대 군대가 명령 복종의 기계적인 틀을 벗어나 전략적 사고와 효율적 조직을 요구하는 시스템으로 자리 잡는 과정에 중요한 영향을 미쳤다.

6

현대 군대의 조직구조: 변화하는 권위와 혁신

현대 군대의 조직은 과거와 비교해 상당한 변화를 겪었다. 19세기 군대는 명령에 대한 맹목적인 복종을 요구하며, 엄격한 계급질서 속에서 기계처럼 움직였다. 그러나 현대의 군대는 그 당시와는 다른 형태로 발전했다. 이번 글에서는 그 변화의 주요 특징들을 살펴보자.

권위의 변화: 명령에서 합의로

전통적인 군대 조직은 권위가 절대적이었다. 군대 내에서 상급자의 명령은 절대적 복종을 요구했고, 불복종은 가차 없이 처벌되었다. 그러나 현대 군대는 권위의 개념이 바뀌었다. 이제 군대의 권위는 단순히 명령을 내리는 것에 그치지 않는다. 대신, '설득'을 동반한 명령복종과 집단적 합의가 핵심으로 자리 잡았다. 군대의 명령 체계는 과거의 권위주의적인 지배에서 벗어나, 지휘관과 부하들 간의 신뢰와 협력을 바탕으로 더욱 유연해졌다.

기술의 융합: 군사와 민간의 경계가 사라지다

현대 군대는 과학기술의 발전에 힘입어 이전보다 훨씬 전문화되고 세

분화된 조직으로 변화했다. 과거 군사 분야와 민간 분야의 기술은 분리되어 있었지만, 이제 그 경계는 거의 사라졌다. 예를 들어, 항공기나 의료 병참술 분야에서 민간의 우수한 기술이 군에 도입되었다. 군대는 더이상 자체적인 기술만으로 운영되지 않는다. 민간의 기술과 지식이 군대의 효율성을 높이고, 새로운 전술과 전략을 가능하게 만든 것이다. 또한 군대의 지휘와 관리 분야에서도 민간의 행정 기법과 관리 기술이 적용되어, 군의 조직 운영이 한층 더 체계적이고 효율적으로 변화했다.

군대의 민주화: 다양한 출신의 장교들

과거 군대의 장교는 대부분 상류층 출신의 귀족들이었고, 그들의 경로와 지휘 방식은 매우 고립적이었다. 그러나 현대 군대는 달라졌다. 군대의 장교는 다양한 배경과 전문성을 가진 사람들로 구성되며, 이들은 자발적으로 군에 지원하거나 전문적인 훈련을 받은 후 군에 합류한다. 이렇게 군대의 장교들이 다양한 출신과 경력을 바탕으로 구성되면서, 군대는 점차 민주적인 성격을 띠게 되었다. 이제는 능력과 전문성이 더 중요한 평가 기준이 되어, 전통적인 계급 위주의 문화에서 벗어나고 있다.

경력의 다변화: 새로운 기술, 새로운 기회

과거 군대에서 장교는 주로 야전 지휘관으로서 경력을 쌓아야 했다. 그러나 현대 군대에서는 다양한 기술을 습득한 장교들이 군을 이끌 수 있는 기회를 얻는다. 예를 들어, 정보기술, 의학, 항공 등 다양한 분야에서 경력을 쌓은 인재들이 군대 내에서 중요한 역할을 맡고 있다. 이러한 변화는 군대의 혁신을 촉진하고, 기존의 경로를 따르지 않아도 충분히 높은 위치에 오를 수 있는 기회를 제공한다. 즉, 군대 내에서의 경력은 더 이상 고정된 길을 따르지 않고, 새로운 기술을 바탕으로 한 유연한 경로로 이어진다.

복잡해진 지휘체계: 수평적 협조의 중요성

전통적인 군대 조직은 명령이 수직적으로 내려가는 구조였다. 지휘관이 하급 부대에 명령을 내리고, 이를 수행하는 방식이었다. 그러나 군대의 규모가 커지고, 전술과 작전이 복잡해짐에 따라 수직적 명령 체계만으로는 한계가 생기기 시작했다. 이제는 다양한 부대들이 협력하여 임무를 수행하는 상황이 많아졌고, 그 과정에서 상급자와 하급자 간의 구분은 약화되었다. 예를 들어, 전술 작전 중에는 상급 지휘관의 명령을 따르기보다는 현장의 상황을 더 잘 아는 하급 지휘관의 판단이 더 중요한 역할을 할 수 있다.

또한, 참모제도가 군 조직 내에서 중요한 역할을 하게 되었다. 참모들은 직접적인 지휘를 하지 않지만, 지휘관에게 중요한 조언을 제공하고, 이를 통해 군의 전략적 결정을 돕는다. 때때로 참모는 그들의 직책에 비해 더 큰 영향력을 행사할 수 있으며, 실제로 하급 부대에 대한 결정적인 영향을 미칠 수도 있다. 이는 군대의 위계질서에 큰 변화를 일으켰다.

상호 협력: 위계질서가 아닌 협력

현대 군대에서는 과거의 엄격한 위계질서를 따르지 않고, 상호 협력적인 관계가 중요시된다. 예를 들어, 여러 부대가 협력하여 하나의 목표를 달성하기 위해 상호 의사소통을 강화하고, 자원을 공유하는 방식으로 작전이 이루어진다. 이는 군대가 더욱 유연하고 효과적으로 운영될 수 있게 한다. 특히, 위기 상황에서는 전통적인 지휘 체계를 벗어나, 각 부대가 자율적으로 행동하고 협력하는 것이 중요하다.

이러한 변화는 단순히 군대의 내부에서만 발생하는 것이 아니다. 현대 군대는 국제적인 협력체계에도 영향을 미친다. 예를 들어, NATO와 같은 국제 군사 동맹에서는 다양한 국가의 군대가 서로 협력하여 작전을 수행한다. 이 과정에서 각 군대는 자신의 역할을 수행하면서도, 다른 군대와 협력하고 조정하는 능력이 요구된다.

유연성과 혁신의 군대

현대 군대의 조직은 과거의 엄격하고 일직선적인 구조에서 벗어나, 유연하고 협력적인 구조로 발전했다. 군대는 이제 더 이상 명령에만 의존하는 기계적인 조직이 아니다. 다양한 전문 분야의 인재들이 모여 혁신적인 방식으로 군을 이끌고, 상호 협력과 창의적인 문제 해결이 중요한 역할을 한다. 이는 군대의 효율성을 높이고, 현대 사회와의 연결을 강화하는 중요한 변화라 할 수 있다.

7

계층 간 엄격성의 완화:
군대조직의 변화하는 모습

군대 조직의 특성상 전통적으로 상관의 명령에 무조건적으로 복종하는 것이 중요시되었지만, 현대 군대에서는 계층 간의 엄격한 구분이 점차 완화되고 있다. 그 중심에는 기술의 발전과 전문성이 있다. 과거와는 다른 변화가 군대 내에서 일어나고 있다는 점에서 주목할 만하다.

젊은 장교가 경험 많은 부사관을 지휘?

과거 군대에서 장교는 대개 연장자였고, 그들이 지휘하는 부사관들은 경험이 풍부하고 군에서 오랜 경력을 쌓은 사람들이다. 그러나 오늘날 군대에서는 나이가 훨씬 적고 경험이 부족한 장교들이 고위 경력을 자랑하는 부사관들을 지휘하는 경우도 흔하게 일어나고 있다. 이는 군 조직 내에서 계층 간의 엄격한 구분이 다소 흐려졌음을 의미한다. 물론 이런 상황은 여전히 일반적이지만, 기술과 전문 지식의 발전은 장교와 부사관 간의 차이를 점점 약화시키고 있다. 즉, 군대 내에서 계급에 따른 전통적인 위계질서가 약화되고, 전문성이 중요한 요소로 떠오르고 있는 것이다.

장교와 부사관의 경계가 사라지다

예전에는 장교와 부사관은 명확하게 구분되는 사회적 집단으로 생각되었다. 장교는 대학을 졸업한 고학력자들이 많고, 부사관은 현장에서 경험을 쌓은 전문가들이었다. 하지만 이제는 부사관 중에서도 뛰어난 기술적 능력을 가진 인재들이 장교로 임용되는 경우가 많아지면서, 이들 간의 경계가 점차 흐려지고 있다. 기술이 발전함에 따라 군대에서도 지식과 전문성이 더 이상 직급을 가르는 주요 요소가 되지 않게 되었고, 사회적 장벽 또한 많이 낮아졌다.

부사관도 장교의 역할을 대체하다

군대의 기술적 발전은 부사관들의 역할을 크게 변화시켰다. 과거에는 장교들이 맡았던 중요한 업무들을 이제는 숙련된 부사관들이 대신하기도 한다. 특히 군의 기술적 업무나 전문적 작업에서는 장교보다 더 뛰어난 능력을 발휘하는 부사관들도 많아졌다. 이로 인해 군 내에서 장교와 부사관 간의 차별화가 점점 줄어들고 있으며, 부사관들이 장교의 역할을 부분적으로 대신하는 현상도 자주 발생하고 있다.

명령에 대한 비판적 태도와 상의 문화

계층 간의 경계가 완화되면서 사병들은 장교의 명령에 대해 비판적 태도를 취하는 경우가 많아졌다. 이는 부사관들뿐만 아니라 일반 병사들 사이에서도 장교의 명령을 비판하는 것이 정당하다고 느끼는 경향이 증가했기 때문이다. 또한 과거에는 상관이 명령을 내리면 하급 부대는 무조건 따르는 것이 당연시되었지만, 오늘날에는 부하들이 상관과 상의하여 자신의 의견을 나누는 것을 기대하는 문화가 확산되고 있다. 이는 군대 조직 내에서 하급자들의 목소리가 더 중요하게 여겨지고 있다는 점에서 큰 변화이다.

군대 기술자의 사회적 평가 변화

기술의 발전과 함께 고도로 숙련된 군대 기술자들은 군대 내에서의 역할을 넘어 민간 사회에서도 높은 평가를 받고 있다. 과거 군대 내에서만 활동하던 기술자들이 이제는 민간 산업에서도 핵심 인재로 인정받고 있다는 점은, 군대 조직이 단순히 명령을 내리는 곳이 아니라, 전문 기술을 요구하는 고도의 훈련과 전문성을 갖춘 기관으로 변모했다는 것을 시사한다.

군대는 이제 전문성과 협력의 시대

결국 군대 내 계층 간의 엄격한 구분이 완화되면서, 전문성과 협력의 중요성이 커지고 있다. 군의 장교와 부사관들은 더 이상 전통적인 계급 구조에 따라 구별되지 않으며, 각자의 역할을 통해 서로 협력하고 의사소통하는 시대가 열리고 있다. 기술과 지식의 발전은 군대 내에서 유연한 조직문화를 만들어가고 있으며, 이는 과거의 고전적인 군대 문화에서 벗어나 현대적인 군사 조직으로 발전하고 있다는 증거이다.

8

상관의 권위적 지위 저하:
군대 내 변화하는 권위의 모습

군대에서 상관의 권위는 오랫동안 절대적이었고, 명령은 무조건적으로 따르는 것이 당연한 문화로 자리 잡아왔다. 그러나 최근 군사 조직에서는 이러한 전통적인 권위가 점차 약화되고 있다. 그 중심에는 전문기술의 발달과 과학기술의 급속한 진보가 있다. 기술적 복잡성이 증가하면서, 군대 내에서 상관의 지위가 점점 더 침식되고 있는 현상이 일어나고 있다.

기술의 복잡성 증가와 지휘관의 한계

오늘날 무기와 장비의 기술적 복잡성은 과거와 비교할 수 없을 정도로 증가했다. 예전에는 장비의 사용법과 관리법에 대해 지휘관들이 충분히 숙지하고 있었지만, 이제는 그 모든 기술을 아는 것이 불가능해졌다. 예를 들어, 군대에서 레이더와 같은 고도화된 장비를 운영하는 지휘관은 그 장비가 수리되고 있다는 사실 외에는 그 기술적 세부 사항에 대해 알지 못할 수도 있다. 이는 지휘관들이 기술적인 문제 해결을 전문가에게 의존할 수밖에 없다는 것을 의미한다. 즉, 장비의 운영과 수리에 대한 결정은 이제 기술 전문가들에게 맡겨지는 경우가 많다. 이로 인해 지휘관의 기술적 권위는 크게 약화되었다.

전문기술자가 갖는 새로운 권위

기술이 복잡해지면서, 이제는 전문기술자가 자신의 분야에서 훨씬 큰 권위를 가진다. 예를 들어, 해군의 레이더 기술자가 자기 분야의 기술에 대해 잘 알고 있는 상관보다 더 높은 권위를 가질 수 있다. 이 경우, 기술 전문가들은 상관에게 '언제'와 '어디서' 기술을 사용할지에 대한 지시를 받는 것은 있지만, '어떻게' 기술을 사용할 것인지는 자신이 결정할 수 있는 재량권을 갖게 된다. 기술이 발전하면서, 상관의 권위가 단순히 계급에 의한 것이 아니라, 전문성에 의해 더 많이 좌우되는 상황이 된 것이다.

명령의 이중적 성격

이러한 변화는 기술 분야에만 한정되지 않는다. 예를 들어, 해군에서 한 기술병이 갑판장에게 침실 청소를 하라는 명령을 받았다면, 그는 이 명령을 기꺼이 따르려 하지 않을 것이다. 이는 기술적 전문성이 없는 상관의 지시를 전문 기술자가 따르지 않으려는 자연스러운 반응을 보여준다. 과학기술의 발달은 단순한 작업을 넘어 창의력과 판단을 요구하는 작업을 더 많이 만들어냈다. 이런 작업에서는 전문기술자의 재량이 중요하고, 그들은 더 이상 상관의 명령에 무조건 따라야 하는 존재가 아니다. 오히려, 자신의 기술적 판단에 따라 일을 수행하는 경우가 많다.

정치적 의식의 증가와 권위의 약화

또한 군대 내에서 정치적 의식의 증가도 상관의 권위적 지위를 약화시키는 또 다른 중요한 요소로 작용하고 있다. 과거에는 상관의 명령이 절대적이었지만, 이제 부하들은 간접적인 방식으로 상관에게 영향력을 행사할 수 있는 여지를 가지게 되었다. 군대 내에서 부하들이 더 이상 상관의 명령에 단순히 순응하는 것이 아니라, 때로는 자신들의 의견을 표현하고 이를 반영하려는 움직임이 커지고 있다. 이러한 정치적 의식은 군 내 권위 구조를 더욱 탈위계화하고 있다.

전문성과 변화하는 권위의 시대

결국, 기술의 발전과 정치적 의식의 변화는 군대 내에서 상관의 권위적 지위를 약화시키고 있다. 전문기술자들은 자신의 기술 분야에서 더 큰 권위를 가지며, 상관의 명령은 이제 그들의 전문성을 인정하는 방식으로 변화하고 있다. 이는 과거의 전통적인 군대 문화에서 벗어나, 전문성과 협력을 중시하는 현대적인 군사 조직으로 변모하고 있다는 증거이다. 군대 내 권위의 변화는 앞으로도 계속될 것이며, 이는 군사 조직을 더욱 효율적이고 유연하게 만드는 중요한 요소가 될 것이다.

9

위계질서의 역할: 군대 내 계급의 중요성

현대 군대는 기술 발전과 정치적 변화로 인해 탈위계질서화되는 경향이 있지만, 그럼에도 불구하고 계급의 위계질서는 여전히 군대에서 중요한 역할을 하고 있다. 위계질서가 단순히 계급을 나누는 방식에 그치지 않고, 군 조직 내에서 실질적인 기능을 수행하는 중요한 요소로 작용하고 있기 때문이다. 그렇다면, 군대에서 계급의 위계질서는 어떤 역할을 하는 것일까?

권한과 신뢰를 부여하는 계급

계급은 단순히 직위만을 의미하지 않는다. 계급은 그 사람에게 부여된 권한에 기술과 지식에 대한 권위를 더해준다. 예를 들어, 대위는 중대급 부대를 지휘할 수 있는 자질을 갖춘 사람으로 간주되며, 중령은 대대급 부대를 지휘하거나 대규모 사단 참모로서의 역할을 수행할 수 있는 능력을 갖춘 사람으로 여겨진다. 즉, 계급을 가진 사람은 그 직책에 맞는 적합한 자질을 지닌 사람으로 추정되며, 이는 동료들과 상급자들에게 신뢰를 줄 수 있다. 계급은 단순히 명령을 내리는 권한을 넘어, 그 사람의 경험과 능력을 인정받을 수 있는 근거가 되는 것이다.

위기 상황에서의 지휘권 승계

군대는 예상치 못한 위기 상황에서도 원활하게 작동해야 한다. 전투나 비상 상황에서는 지휘관이 부재중이거나 유고일 수 있는데, 이럴 때 계급 위계질서는 중요한 역할을 한다. 군대에서는 계급에 따른 지휘권 승계가 명확히 규정되어 있어, 비상 상황에서도 혼란 없이 빠르게 지휘체계를 유지할 수 있다. 예를 들어, 상급자가 부재 시 그 아래의 계급이 순차적으로 지휘권을 이어받게 되며, 이는 군 조직이 예기치 않은 상황에서도 제대로 기능할 수 있게 해 준다. 이처럼 계급 위계질서는 군대가 효율적으로 운영될 수 있도록 돕는 중요한 안전망 역할을 한다.

질서 유지의 책임

군대는 그 자체로 질서와 규율이 중요한 조직이다. 군인들은 매우 엄격한 규정 속에서 움직이며, 상급자는 하급자들 사이에서 질서를 유지할 책임이 있다. 군대 내에서 일단의 군인들이 규칙을 어기거나 질서를 문란히 하는 경우, 가장 높은 계급의 군인이 이를 제지할 책임을 진다. 예를 들어, 군인들 간의 충돌이나 난동이 발생할 때, 그 현장에서 가장 높은 계급의 상급자가 질서를 회복해야 한다. 이는 군대 내에서 상급자의 권위가 여전히 중요한 이유를 보여준다. 군대는 단순한 명령체계가 아니라, 질서와 규율을 유지하는 조직으로서 상급자의 역할을 필요로 한다.

계급의 위계질서는 여전히 필요하다

오늘날 군대에서 계급의 위계질서가 점차 완화되고 있지만, 그 역할이 완전히 사라진 것은 아니다. 오히려, 계급은 군대 내에서 중요한 기능을 수행하며, 권한의 부여, 위기 상황에서의 지휘권 승계, 질서 유지 등의 핵심적인 역할을 하고 있다. 군대는 단순히 명령을 내리고 받는 조직이 아니라, 각 계급이 맡은 역할을 통해 원활하게 운영되는 복잡한 시스템이다. 그러므로 군대 내에서 계급 위계질서는 여전히 필수적인 요소로, 군의 안정적인 운영을 위해 필요한 존재임을 알 수 있다.

명령과 복종

초판 인쇄	2025년 2월 3일
초판 발행	2025년 2월 5일

지은이	이만종
펴낸이	변인옥
펴낸곳	블루
등록	제395-2025-000013호
주소	경기도 고양시 덕양구 화신로 311 (911동 201호)
전화	02-521-6067
E-mail	bio7522@naver.com

ISBN	979-11-991257-0-4 (03300)

ⓒ 이만종, 2025

값 20,000원

※ 이 책의 내용 전부 또는 일부를 이용하려면
  반드시 저작권자와 블루의 서면동의를 받아야 합니다.